金文成

王　莉　习银生

等◎编著

Agricultural and Rural Modernization in China:
Theory and Practice

中国农业农村现代化：论与实践

经济管理出版社
ECONOMY & MANAGEMENT PUBLISHING HOUSE

图书在版编目（CIP）数据

中国农业农村现代化：理论与实践/金文成等编著 . —北京：经济管理出版社，
2022.7
ISBN 978-7-5096-8629-4

Ⅰ.①中… Ⅱ.①金… Ⅲ.①农业现代化—研究—中国 ②农村现代化—研究—
中国 Ⅳ.①F320.1

中国版本图书馆 CIP 数据核字（2022）第 128807 号

组稿编辑：曹　靖
责任编辑：郭　飞
责任印制：黄章平
责任校对：张晓燕

出版发行：经济管理出版社
　　　　　（北京市海淀区北蜂窝 8 号中雅大厦 A 座 11 层　100038）
网　　址：www. E-mp. com. cn
电　　话：（010）51915602
印　　刷：唐山玺诚印务有限公司
经　　销：新华书店
开　　本：720mm×1000mm/16
印　　张：14.25
字　　数：227 千字
版　　次：2022 年 12 月第 1 版　　2022 年 12 月第 1 次印刷
书　　号：ISBN 978-7-5096-8629-4
定　　价：98.00 元

前　言

　　自中国共产党成立以来，始终把实现现代化作为己任，努力奋斗求索。党的十八大以来，以习近平同志为核心的党中央把实现农业农村现代化作为全面建设社会主义现代化国家的重大任务，作为解决发展不平衡不充分问题的必然要求，科学回答了建设什么样的农业农村现代化、怎样建设农业农村现代化等重大问题，为加快推进农业农村现代化建设提供了根本遵循。我们要深入学习，全面贯彻落实。

　　要明确农业农村现代化的科学内涵。党的十九大首次把农村现代化纳入国家现代化的总体布局，要求实现农业农村现代化。农业农村现代化既包括"物"的现代化，也包括"人"的现代化，还包括乡村治理体系和治理能力的现代化。要坚持农业现代化和农村现代化一体设计、一并推进，到2035年基本实现农业农村现代化，到2050年实现农业农村现代化，全面实现农业强、农村美、农民富。

　　要明确实现农业现代化的路径和方向。"农业的根本出路在于现代化"。人多地少的基本国情决定了我国现代农业不能照搬西方国家大规模经营、大机械作业的模式，必须走中国特色农业现代化道路。走中国特色农业现代化道路要以重大问题为导向，加快构建现代农业生产体系、经营体系和产业体系。家家包地、户户务农的小农户生产方式是我国农业发展必须长期面对的现实，这也是我国农业农村现代化的历史起点。经过多年的探索，我国已经成功找到了把小农生产引入现代农业发展轨道的有效实现形式，即通过发展专业化、市场化的农业社会化服务，把先进的品种、技术、装备、管理等引入小农户，建立健全覆盖全程的农业社会化服务体系，发展农业适度规模经营。农业现代化的关键在科技、在人才。要把科技放在更加突出的位置，大力推进农业机械化、智能化，给农业现代化插上科技的翅膀、插上智慧的翅膀。

要明确实现农村现代化的难点和重点。经过多年的发展，我国"三农"领域取得了历史性进步，发生了历史性变革，创造了人间奇迹。与此同时，我们也要看到，新时代我国社会主要矛盾已经转变为人民对美好生活的向往同不平衡不充分发展之间的矛盾，最突出的表现是城乡二元结构依然没有从根本上得到解决，城乡差别和城乡居民收入差距依然存在；最直观的表现是城乡基础设施建设和公共服务差距显著，这也是实现农村现代化的重点和难点，更是新格局下扩大内需、畅通城乡经济循环的潜力和后劲所在。要以县域为载体和切入点，加快补齐乡村基础设施建设和公共服务的短板，大力实施乡村建设行动，做到基础设施建设县乡村统筹，公共服务向乡村延伸，让农村生活条件与城镇基本相当。

要强化实现农业农村现代化的专题研究。实现包括2亿多小农户的农业农村现代化是一项前无古人的伟大事业，既没有现成的经验可供借鉴，也没有成熟的模式可供参考。自中华人民共和国成立以来，特别是自改革开放以来，我国对农业农村现代化进行了有益的探索，积累了一些经验，也吸取了一些教训。在生物技术、数字技术加快发展的新时代，在国际政治经济秩序深刻调整的新形势下，新型工农城乡关系怎样构建，农业农村现代化怎样实现，是时代给我们提出的重大课题。立足中国实际，彰显中国特色，参考国际实践，明晰我国农业农村现代化的内涵外延、目标任务和重点难点，为宏观决策和基层实践提供科学参考，既是社会科学工作者的责任，也是"三农"政策研究机构的使命。

农村经济研究中心作为农业农村部直属事业单位，专职从事"三农"政策研究、乡村调查、改革试验和政策评价工作。中心高度重视，专门成立由主要负责人牵头的农业农村现代化课题组，抽调精兵强将，研究探索符合我国国情实际、契合发展阶段、兼顾区域特色的农业农村现代化路径。经过一年多的努力，课题组取得了丰硕成果，现集结成册，以飨读者。

全书分理论篇和实践篇。"理论篇"由第一章至第四章组成。第一章系统梳理了现代化国内外相关理论流派和学术思想，总结了部分国家促进农业农村现代化的做法和经验，并深入分析我国"三农"发展的成就、经验和形势。第二章详述了中国特色农业农村现代化理论的演进和形成。从社会主义革命和建设时期的曲折探索农业现代化，到改革开放和社会现代化建设新时期的明确农业现代化道路，再到中国特色社会主义新时代，全面加快农业农村现代化，中国找到了自己的现代化道路。第三章研究确定农业农村现代化评价指标体系构建的思路、原则和构架，从农业、农村、农民三个方面提出具体指标，并结合时代特征，重点分析绿色化和数字化等前沿内容。第四章构建了农业农村现代化评价体系，对我国农业农村现代化发展水平进行测算评估分析，并提出相应的政策建议。

"实践篇"由第五章至第九章组成，是从实地调研中甄选出典型案例，归纳为"发展底线"、"农业现代化"、"农村现代化"、"农民现代化"和"全面推进"五类。具体展示各地在保障粮食安全、打造高质高效农业、促进产业融合发展、壮大集体经济、提升乡村治理能力、促进人才振兴、城乡融合发展、率先实现农业农村现代化等方面的做法和经验，从实践层面为自主探索经验总结和模式推广示范打下良好基础。

本书是集体智慧的结晶。王莉研究员牵头负责"理论篇"，习银生研究员牵头负责"实践篇"。张斌博士、付饶博士、胡钰博士、王霞博士、曹慧博士、张静宜博士、张灿强博士、杨玉洁博士、种聪博士等以及农研中心其他同志参与了部分章节、实践案例的撰写和讨论。中央农办秘书局、全国政协农业和农村委员会等中央单位，以及很多地方相关部门的领导和专家对课题研究、实地调研和书稿写作提供了指导和帮助，在此一并感谢。

囿于能力和水平，文中难免存在错漏之处，恳请读者不吝赐教。全书内容丰富，数据翔实，案例典型，具有较强的系统性、前瞻性和实用性，可为"三农"理论和实践工作者提供有益参考。

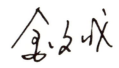

2022 年 8 月于北京

目　　录

理论篇

实践篇

理论篇

第一章
农业农村现代化的研究基础

现代化是人类社会由传统的农业文明向现代的工业文明乃至知识文明转变的过程，是人类社会发展的价值取向和理性追求。

一、相关理论

（一）现代化

世界现代化起步可以追溯到 18 世纪中叶，世界现代化研究则始于 20 世纪中叶。在 20 世纪后 50 年里，现代化研究出现三次高潮，形成了众多学术流派和理论。与现代化最为直接的是以下三种理论：

1. 经典现代化理论

经典现代化理论诞生于 20 世纪五六十年代，是对 18 世纪工业革命以来世界现代化进程的一种理论阐述。不同学者对现代化的理解和定义不同，但普遍接受现代化的两个基本内涵：①发达国家工业革命以来发生的深刻变化。②发展中国家追赶世界先进水平的过程。学者把传统农业社会的特点归纳为传统性，把已经完成现代化过程的国家的现代工业社会特点

本章执笔人：金文成、王莉、曹慧、付饶

3

称为现代性。

2. 后现代化理论

经典现代化理论在解释发达工业国家 18 世纪 60 年代至 20 世纪 60 年代的发展过程时比较成功，但在解释发达工业国家 20 世纪 70 年代以后的发展时基本不适用，于是出现了一些关于后工业社会、后现代主义的研究，统称后现代化理论。后现代化理论认为，现代化是人类社会发展的一个阶段，不是历史的终结，并把经典现代化理论的"现代性"理解为第一现代性。美国学者殷格哈特认为，历史发展不是线形的，从传统社会向现代社会的转变是现代化，从现代社会向后现代社会的转变是后现代化。现代化的核心目标是经济增长，通过工业化和系统的技术应用来扩大有形产品；后现代化的核心目标是使个人幸福最大化，追求生活质量和生活体验。

3. 生态现代化理论

20 世纪 80 年代早期，少数欧洲国家如德国、荷兰和英国，首次提出生态现代化理论。这种理论以欧洲经验为基础，描述一种新模式：追求经济有效、社会公正和环境友好的发展。这是经济和环境的双赢模式，经济增长与环境保护相互协调，经济增长与环境压力脱钩。生态现代化理论完全摒弃了传统现代化观念中片面追求工业化、城市化等不合理内容，主张从根源上消除环境恶化，以"预防性"策略代替"补救性"策略；肯定了政府的宏观调控和公众参与的重要性，以及科学技术在生态改革中的关键作用等，明确了生态现代化是超越工业化、走向全面合理化的社会发展过程。

此外，反映不同发展水平国家之间关系的一些理论也有一定相关性。依附理论是 20 世纪 60 年代兴起的一种国际政治经济理论。它试图用核心国家和边缘国家的依附关系来解释边缘国家的欠发达现象，并把欠发达归咎于外部原因。世界体系理论是 20 世纪 70 年代兴起的一种有广泛影响的理论。它试图用"中心—半边缘—边缘地区"的依附关系、世界劳动分工和阶级冲突等变量来分析世界体系的历史演变，从而解释 16 世纪以来的世界发展史。现代化是世界运动，必然导致世界体系的变化，世界体系的变化必然影响国家的现代化。

中国学者何传启（2013）提出了二次现代化理论。他认为现代化是现代文明的形成、发展、转型和国际互动的复合过程，是文明要素的创新、选择、传播和退出交互进行的复合过程，是追赶、达到和保持世界现代化进程。从 18 世纪到 21 世纪末，世界现代化过程大致可以分为两大阶段：第一次现代化指从农业时代向工业时代、农业经济向工业经济、农业社会向工业社会、农业文化向工业文化的转变过程和深刻变化；第二次现代化指从工业时代向知识时代、工业经济向知识经济、工业社会向知识社会、工业文化向知识文化的转变过程和深刻变化。目前没有完成第一次现代化的发展中国家可以运用综合现代化理论，采用生态现代化原理和绿色发展模式，走绿色工业化和绿色城市化的发展道路，降低现代化过程的环境压力和生态成本。

（二）农业现代化

经典农业现代化的理论探索可以追溯到 20 世纪 60 年代初，美国经济学家西奥多·舒尔茨在《改造传统农业》一书中指出，仅使用传统生产要素的农业是无法对经济增长做出重大贡献的，但是现代化的农业能对经济增长做出重大贡献。引进新的现代农业生产要素是改造传统农业的关键，包括建立一整套适合传统农业改造的制度、从供给和需求两方面为引进现代生产要素创造条件、对农民进行人力资源投资。农业劳动生产率是衡量农业现代化水平的关键指标。在 20 世纪七八十年代，国际上出版了一批农业现代化论著，如《农业现代化指南》《农业现代化和收入分配》《发展中国家的农业现代化》等。

马克思等人对农业现代化也提出了一些观点。马克思、恩格斯认为，小农生产方式存在历史局限性，会阻碍生产力的发展。"小农人数众多，他们的生活条件相同，但是彼此间并没有发生多种多样的关系。他们的生产方式不是使他们互相交往，而是使他们互相隔离"，"就像一袋马铃薯是由袋中的一个个马铃薯汇集而成的那样"。一切现代方法，如灌溉、排水、蒸汽犁、化学产品等，都应当广泛地用于农业。但是，科学知识、技术手段如机器等，只有在大规模种植土地时才能有效地加以利用，因此应该采取农业合作社这一理想的改造模式。列宁以马克思主义农业经济思想为基础，认为要实现农村土地国有制，在农业生产领域要大力发展农业商品经济，逐步建立起农业领域的社会化大生产，利用农业合作经济来发展现代农业，实现社会主义农业改造，不断推动农业的现代化进程。斯大林进一步提出农业集体化思想，并在苏联进行实践。农业集体化运动和工业化运动是苏联社会主义经济建设紧密联系的两个组成部分，没有农业集体化运动就不会有苏联社会主义工业化的实现。

自改革开放以来，中国学者对农业现代化开展了广泛的研究。一般认为农业现代化是从传统农业向现代农业的转型过程及其深刻变化。采用多种方法对农业现代化过程的阶段进行划分，如传统农业、低资本技术农业和高资本技术农业三个阶段；自给农业和市场农业两个阶段，市场农业又分为多样型农业、专业化农业和自动化农业三个阶段；半机械化、机械化和自动化三个阶段等。关于农业现代化的动力有不同认识，例如，四要素说：农业市场、农业科技、以农业合作社为主要形式的农业社会服务体系、政府对农业的宏观调控。

进入 21 世纪，中国学者对农业现代化理论的研究进一步加深。黄祖辉等专家提出两次农业现代化理论。农业现代化可以划分为两个层次看，第一个层次是为了提高农业的土地生产率和劳动生产率满足人们对农产品数量不断增长的需要，在此基础上增加农民收入；第二个层次是在第一个层次基础之上，为了提高农业生产效益，维持农业持续高速发展，满足人们对产品质量和种类的需求，从而提高农民收入。在我国，第一个层次农业现代化，是农业从自然生产向半商品生产的转变过程，是从自然经济走向物质经济的过程；第二个层次农业现代化，是半商品生产走向商品生产的过程，是从物质经济走向知识经济的过程。不同的农业生产阶段决定着对农业科技不同的追求目标。为了达到第一层次农业生产目标，农业现代化追求农业科技的主要特征是农业机械化、农业电气化、农业化学化和农业水利化，这一过程称为第一次农业现代化。为了达到第二层次农业生产目标，农业现代化追求农业科技的主要特征是农业标准化、农业信息化、农业生物化、农业设施化和与之配套的管理现代化等，这一过程称为第二次农业现代化。

何传启也总结了相关研究，提出广义农业现代化理论，包括一般理论、分支理论和相关理论。一般理论指出农业现代化的定义、过程、结果、动力和模式。农业现代化是自18世纪以来世界农业的一种前沿变化和国际竞争；农业现代化过程包括前沿过程和追赶过程，前沿过程是农业发达国家的农业现代化，追赶过程是农业发展中国家的农业现代化。农业现代化的结果包括农业生产率和农民生活质量提高、农业生态变化和农民全面发展，包括农业供求动态平衡、农业科技发展和农业比例下降，包括世界农业前沿、国际农业体系和国家农业状态的变化。农业现代化的动力因素非常多，主要因素包括农业创新、农业竞争、农业适应、农业交流、国家利益和市场需求等。在农业发达国家，农业创新作用比较突出，在农业发展中国家，农业交流作用比较突出。农业现代化的动力模型包括创新驱动模型、三新驱动模型、双轮驱动模型、联合作用模型、四步超循环模型、创新扩散模型、创新溢出模型、竞争驱动模型、经济和社会驱动模型、农业生产力函数等。

二、国际实践

从国际经验来看，不同国家现代化的进程都是从传统农业社会向现代工业社会转型开始的，实现农业现代化的同时也就具备了经典现代化理论中"现代性"的特征。而之后农业和农村的发展大多转向城乡融合、环境友好的道路，这其中有转型成功的国家，但也有失败的案例。

（一）美国

美国属于资源丰富型国家，人均耕地面积是世界平均水平的3倍，但劳动力资源相对短缺。美国农业现代化经历了农业机械革命、化学革命、生物革命以及管理革命。从"南北战争"到 20 世纪 40 年代后期，美国大体经历了农业半机械化、农业基本机械化和农业全面高度机械化三个阶段。20 世纪 60 年代以后，如何提高土地利用率成为美国农业现代化的突出问题，其焦点集中在采用生物、化学技术，以提高土地产出率。20 世纪 80 年代以后，由于在较高化肥投入水平上的单位投入报酬递减，同时带来农村区域水体、土壤和环境的污染，美国农业的主要发展方向转向基于生态良性循环的农业生产技术和组织管理的现代化。

美国农业农村现代化包括四个重要特征：

一是强有力的农业科技支撑。美国政府非常重视农业科技投入以及高科技在农业中的应用，农业科技投入的力度既高于发达国家的平均水平，也高于国内非农业部门科技投入的平均水平。1914 年，美国国会建立了用于解决农业问题的科技研发与推广体系。该体系为提高美国农业生产力、推动美国农业现代化进程发挥了重要作用。目前，美国的农业科技成果推广率已经超过 80%，技术因素对农业产出的贡献超过 75%。美国是世界上较早出现农业电子商务的国家之一，进入 21 世纪后，随着互联网技术的发展，美国农业电子商务获得了进一步发展。2007 年前后，美国农业电子商务就已发展至成熟阶段，各类农场对接互联网的比例已经超过 65%，大型农场（年销售额超过 50 万美元）接入互联网的比例更是超过 85%。

二是更高效的经营模式。随着农业农村现代化的推进，美国农场规模效益不断增加。截至 2018 年，美国共有 200 万个左右的农场，其中小型农场占 90%，产值仅占美国农业总产值的 23%，77% 的农业产值是由剩余的 10% 的中大型农场生产的。农场内部分工明确，俨然一个工业化体系，能够完全自主地进行市场化经营。经营模式以订单农业为主，还有集中模式、核心模式、多元模式、非正式模式和中介模式，多元化经营模式在帮助农场主分担风险的同时，还可以帮助农场主开拓专业化的农作物生产与销售渠道。

三是高素质的职业农民队伍。美国农业劳动力在 19 世纪 20 年代开始从农村向城镇转移，农村的劳动力占总劳动力比重从工业化初期的 63%

下降到 22%，1971 年仅有 3.1%，到 2019 年农业从业人员数量占比在 2%以下。美国的乡村土地主要以家庭农场的形式存在，而农民大部分是经过培训的职业农民。美国农业部 1970~1990 年对 25 岁以上的农民接受教育情况的调查资料显示，大学毕业的农民从 5.3% 增长到 10.8%，提高了 1倍多，未接受高中教育的农民比重从 56.1% 下降到 32.9%，受教育水平明显提升。通过培训，使农民能够更好地掌握机械、化学产品和生物技术的科学使用，先进的科技对于实现美国的农业农村现代化具有极为重要的作用。

四是不断缩小的城乡差距。20 世纪 30 年代，美国非农业与农业人口可支配收入之比最大值为 2.49。"二战"结束后，美国城乡差距日益明显，非农业人口可支配收入与农业人口可支配收入比例，1945~1949 年均为 1.66，1955~1959 年则扩大到年均 2.00。美国政府不遗余力地推动农村地区的发展，通过帮扶小企业、教育机会均等化、消费税区域差异化等政策的设置，实现城市地区和乡村地区的统筹平衡。到 20 世纪 70~90 年代收入比降至 1.28~1.33。到 21 世纪初，农业人口的可支配收入是非农业人口的 1.17 倍，即农业人口的可支配收入已经完全超过了非农业人口的可支配收入。

（二）日本

日本属于资源匮乏型国家，地少人多。伴随城市化、工业化的发展，日本在农业领域采取了一些支持措施，使日本在 20 世纪 70 年代中期基本实现了农业现代化。但受资源禀赋、传统观念、政府过度保护等因素影响，日本在农业现代化的过程中也留下一些问题和弊病：农地经营规模小，农业生产效率难提升；农业经济地位衰退，粮食供给体系脆弱；乡村劳动力老龄化与兼业化现象严重，乡村生态环境遭受严重破坏，给日本农业进一步发展及经济社会带来负面影响。20 世纪 70 年代末，日本政府以振兴产业为着力点，通过"造村运动"解决农业领域存在的问题，复兴逐渐衰败的乡村。自 2010 年以来，又进一步加大农业改革步伐和力度，推动和深化农业"六次产业化"，旨在提高农业生产率、增加农民收入、搞活农村经济。

日本农业农村现代化也包括四个重要特征：

一是农业机械化和规模化。机械化是现代农业的重要标志之一。日本在20世纪70年代就全面实现了农业机械化，现在更是遍布了农业生产的各个领域和环节，居世界领先地位。以水稻为例，整地、育苗、插秧、灌溉、施肥、打药、除草、收获、烘干和加工全过程实现了机械化，日本的水稻生产机械化处于世界最高水平。就连水果的采摘和地下根茎作物的收获等高难度的作业也都实行了机械化。日本采取各种措施最大限度地扩大农户经营规模。1952年颁布了《农地法》，确立了农户对农地的所有权；之后分别在1962年和1970年进行过两次修订，放宽了农地的流转交易权限，促进了农地向农业生产法人流转。1970~1985年，日本农地出租的面积从7.6%上升到20.5%。日本的户均经营规模从1960年的0.88公顷，扩大到20世纪80年代的1.2公顷，再到2018年的2.98公顷。经营规模的扩大使农户更易集中耕作，推动了劳动生产率大幅提高、生产成本下降和可利用农地面积扩大，单位面积产出提升了近一倍，单位面积生产成本减少了35%。

二是农业生产的专业化和组织化。日本早已脱离了自给自足的、小而全的农业模式，实现了专业化和商品化生产，主要体现在：通过"一村一品"运动实现农产品区域生产专业化；家庭生产专业化，即每一农户只生产某一种农产品或只从事一个部门的生产；生产环节专业化，即专门从事某一环节的生产，如种植业专门从事种子或种苗生产的制种专业户或种苗专业户。日本的农业生产已经实现了"供—产—加—销"一体化经营，其中除了少部分以大工商企业为主体的垂直一体化经营形式外，大部分是以农协为主体的平行一体化经营形式。日本农协分为三个层次：①农户作为会员，以市、町、村等行政区域为单位组织基层农协；②以基层农协为会员，组成都、道、府、县级联合会；③以县级联合会为会员，组成1个中央级的全国联合会。日本90%以上的农户都加入了农协，依托农协对农民的集中采购、统一销售、社会服务和权益保障一体化组织，有效解决了农产品销路问题。

三是高度发达的农业信息化网络。日本的农业信息化服务在农业现代化中发挥着重要作用。第一，具有完备的农业信息基础设施。除了通信、广播、电视外，还在农村铺设光缆，建立发达的通信网络。第二，建立了完善的农业市场信息服务系统，包括农产品市场销售信息服务系统和农产品的生产数量和价格行情预测系统。第三，完成了农业科技生产信息支持体系。日本现在已可以在网上对 200 多种主要农作物的栽培要点按品种、地区特点进行详细的查询。第四，计算机网络系统的应用发展迅速。农村网络计算机已经普及，建立了农业技术信息服务全国联机网络。

四是基本消除了城乡差距。通过"造村运动"，日本有效降低了城乡差距，提高了农民的收入水平。2002 年日本农户的年平均收入达 550 万日元，相当于 33 万元人民币，其中非农收入在其收入比例中占 86%，已经超过城镇家庭。把青壮年留在农村，不仅有效改善了生态环境和乡村景观的保护开发，还提高了农村福利水平和农民健康。农村生产、生活设施配套齐全，生态环境极其优美，经常有大批城市居民到乡下观光旅游。农民外出旅游也较多，有的市町村民护照持有率达 70%。

（三）巴西

美国和日本是在实现农业现代化后，通过一系列政策措施成功实现农村现代化的典型案例。国际上也有一些国家在实现农业现代化后，由于忽视了农村的发展，而使整个国家的现代化进程受阻，最终落入"中等收入陷阱"的案例，其中巴西是较为典型的案例。

1950 年前后，巴西开始全力支持农业发展，主要以进口替代为目标开始了现代化进程。1947～1981 年，巴西农业以每年 3%～6% 的速度增长。经过多年的发展，巴西已经具备了现代农业的主要特征，如规模经营、机械作业、较高的劳动生产率和土地产出率等。自 1960 年以来，巴西已不再是仅出口一种产品的粮食进口国，而是世界上最大的粮食净出口国以及仅次于美国与欧盟的第三大农产品生产和出口国。目前，它是全球

36 种农产品的五大生产国之一，并已成为橙汁、蔗糖、肉类（牛肉和鸡肉）、咖啡、烟草和乙醇的主要出口国，还是世界上第一大大豆生产和出口国，第二大玉米和棉花出口国。巴西农业最初是在政府的大力支持下发展起来的，经受住了多次恶性通货膨胀以及 20 世纪八九十年代取消关税保护带来的冲击。其他经济部门则停滞不前或增长非常缓慢，而且很大一部分农村人口仍然不属于商品农业。农业现代化进程的成功并没有惠及整个农村地区，数以百万计的小农仍然处于贫困之中，许多农民只能依靠联邦收入转移支付的补贴生活。

巴西农业农村现代化转型失败的主要原因包括：

一是土地问题没有从根本上解决。从葡萄牙殖民统治时期起，巴西就形成了以奴隶劳动为基础的大地产制。几个世纪以来，巴西经历了从奴隶制、租佃制到现代雇工制的一系列重大变化，但大地产制一直延续不绝。由于巴西的现代化是在土地制度没有根本性变革的基础上进行的，对巴西的现代化发展产生了多重不利影响，如土地高度集中，土地利用及生产经营的落后致使农业生产率低下；土地占有不均导致社会财富的分配严重不公平；土地问题还导致农村社会矛盾尖锐，影响农村社会稳定。

二是以出口为主的农业结构一直未改变。长期以来，巴西农业一直是以发展一种或几种出口农产品为主的模式。尽管近些年来实行了多样化农业发展战略，在一定程度上改变了过去单一性的生产模式，但以出口为主的农业发展模式没有从根本上改变。在这一模式下，出口农产品发展很快而基本农产品如粮食产量严重不足。由于大量进口粮食不仅产生巨额外债，也导致全国一半人口营养不良。

三是地区之间的发展很不均衡。巴西农业中资本主义生产关系在南部、东南部地区比较发达，这些地区的农业现代化水平较高。在全国大部分地区，前资本主义生产关系仍然存在，农业生产的劳动生产率低下，集约化程度不高，农业发展水平还比较落后。除了农业发展，农村不同地区间的发展不均衡还体现在经济收入、受教育水平等经济、政治、文化各个方面。

四是贫富分化严重。巴西农村的基尼系数较高且呈上升趋势。1970~

1995 年巴西的基尼系数平均为 0.61，之后虽有所下降，但一直维持在 0.5 以上，严重超过国际标准 0.4 的警戒线。财富分配不公还体现在农村的土地占有上，52.9% 的小地产主（10 公顷以下），只占有全国土地面积的 2.7%；0.9% 的大地产主（1000 公顷以上），占有全国土地面积的 43.8%。巴西是世界上贫困人口最多和贫困发生率最高的国家之一。2000 年有 4600 万贫困人口，其中农村贫困人口 1500 万。

五是城乡差距大。在巴西的现代化进程中，由于过于强调工业化和城市化，农业与农村发展受到忽视，农村与城市的差距越来越大。城市差别体现在居民收入、生活质量、基础设施建设、教育、医疗卫生、公共服务等诸多方面，城乡发展失衡在一定程度上消解了巴西现代化的成果，成为巴西现代化发展中面临的一大难题。

（四）发达国家农业农村现代化的一般规律

发达国家农业农村现代化具有一定的共性，大概可以概括为：

一是农业就业和产值比重下降。英国经济学家科林·克拉克认为，产业结构与劳动力就业之间有着密切的关系。人均国民收入越高的国家，农业劳动力在全部劳动力中所占的比重越小，农业产值占国民生产总值的比重也越低，而两个指标数值不断接近是农业结构优化的重要标志。

二是农业科技水平和劳动生产率较高。先进的农业科技是提升农业生产效率的重要支撑，发达国家非常重视农业科技投入以及高科技在农业中的应用，如美国农业科技投入既高于发达国家的平均水平，也高于国内非农业部门的平均水平。而在现代化进程中，通过农业剩余劳动力转移逐步提升农业劳动生产率，是发达国家提升农业国际竞争力、农民收入水平乃至促进经济增长的重要途径。

三是乡村价值多元化，城乡居民收入差距小。发达国家在农业农村现代化的过程中，非常重视发挥农业的多功能性，强调乡村经济、社会与环境的复合价值，如欧洲乡村发展融入了休闲农业、生态服务、农产品生产、经济基础等众多功能，由此形成的乡村就业模式和结构与城市地区趋同，城乡居民收入差距日益缩小。

四是乡村生产生活条件改善，城乡居民生活品质等值化。多数发达国家都基本实现了城乡一体化和融合发展，农村基础设施和公共服务水平与城市差异不大，农民和市民自由流动没有障碍。如美国城乡之间的医疗、保险、养老等实施同一标准，教育实施了平权制度，生活水平和现代化程度也基本无差别。

（五）对我国推进农业农村现代化的借鉴意义

处理好农业农村现代化与农业现代化的关系。依据现有理论，现代化进程是分阶段的，比如可以分为现代化和后现代化。那么，我国农业现代化可以看作是第一阶段的现代化，而农业农村现代化可以看作是后现代化的过程，也就是第二阶段的现代化。现代化以水利化、机械化、良种化和电气化等为标准，这在我国的一些地区已经实现；而后现代化以城乡融合、环境友好为标准，是美国、日本等国家在实现农业现代化之后努力的方向。因此，对农业农村现代化的评价指标除了包含第一阶段提升农业生产效率和竞争力的标准外，也应该包含消除城乡差距、促进经济与环境协调发展等后现代化标准。

农业结构优化是评价农业农村现代化的重要标志。农业就业占总就业的比重和农业增加值占 GDP 的比重是发达国家现代化的两个重要指标。如美国两个指标分别为 1.6 和 1.2，在人多地少、农户专业化水平高的日本，两个指标分别为 4.0 和 1.2。我国 2018 年农业 GDP 占比已降到 7%，但农业就业占比还高达 26%。未来仍需进一步促进农村劳动力向城镇转移，以提高农业劳动生产率，缩小劳动力在农业与非农部门之间的收入差距。但要借鉴巴西因过度城市化而陷入"中等收入陷阱"的教训，稳步推进我国城镇化进程。

推进农业农村现代化要更加关注城乡关系。国外农业农村现代化的经验表明，如何处理好工农关系、城乡关系，在一定程度上决定着现代化的成败。可以通过增加城乡关系的指标，引导和加快农业农村现代化进展。

一是城乡收入差距指标，包括基尼系数和城乡收入比。从国际经验来看，现代化程度高的国家城乡收入是非常接近的，甚至农村人均收入还高于城镇。二是城乡资源公平指标，包括受教育程度、人均社会保障支出、养老保险/医疗保险/失业保险覆盖率、社会救助比率以及基础服务和公共设施人均占有率，这是衡量城乡生活质量差异的重要指标。

三、中国探索

中国农业农村现代化起步较晚。中国共产党诞生后，把为中国人民谋幸福、为中华民族谋复兴作为初心使命，团结带领人民为创造自己的美好生活进行了长期艰辛奋斗。中国共产党着力解决农业、农村、农民问题，领导亿万农民谱写了"三农"发展的壮丽篇章。

（一）"三农"发展的辉煌成就

中国共产党立足国情、农情，尊重基层实践创造，领导亿万农民群众在农业农村现代化的道路上前进，推翻了"三座大山"，建立了新中国，改造了山河，支撑了国家工业化和现代化建设，正向共同富裕迈进。

1. 解放农民，实现人民当家作主

在旧中国，农民深受"三座大山"压迫，农业生产水平低下，农村社会落后凋敝，农民生活极度贫困，社会分配严重不公。中国共产党成立之后，历经艰难探索，找到了"农村包围城市、最终夺取政权"的井冈山道路，把农民作为革命的同盟军和基本力量，坚持土地革命，通过打土豪分田地、减租减息和土地改革，解放了农民，实现了耕者有其田。到1949 年，全国 230 万平方公里的解放区完成了土地改革，1.6 亿人获得了土地。新中国成立后，在巩固土地改革成果的基础上，通过互助组、合作社，把农民组织起来，并通过发展集体经济把农民引领到社会主义发展轨

道。自改革开放以来，把处理好农民与土地的关系作为农村改革的主线，不断巩固和完善农村基本经营制度，赋予农民更加充分而有保障的土地权利，在政治上保障农民的民主权利，经济上维护农民的物质利益，极大地调动了农民发展生产、建设现代化的积极性，农民主人翁的地位更加巩固。

2. 摆脱贫困，全面建成小康社会

100 年来，中国共产党团结带领人民，以坚定不移、顽强不屈的信念和意志与贫困作斗争，坚持自力更生、艰苦奋斗奔小康。从革命时期的发展生产、互帮互助到中华人民共和国成立以后的救济式扶贫，从改革开放以来的开发式扶贫再到新时代的精准脱贫，探索出一条符合中国国情的农村减贫道路。到 20 世纪 80 年代中期，基本解决了温饱问题，开启了全面建设小康社会新征程。进入 21 世纪特别是党的十八大以来，农民增收渠道不断拓宽，收入持续增加，生产生活条件极大改善。农民人均纯收入由 1949 年的 44 元增加到 1978 年的 134 元，2020 年农村居民人均可支配收入达 17131 元，增速连续 10 年超过城镇居民，城乡居民收入比由最高年份的 3.33：1 下降到 2.56：1。农村消费支出在改革开放后由 116 元增至 2020 年的 13713 元，恩格尔系数降到 30% 以下。自党的十八大以来，以习近平同志为核心的党中央把脱贫攻坚摆到治国理政的重要位置，提升到事关全面建成小康社会、实现第一个百年奋斗目标的新高度，纳入"五位一体"总体布局和"四个全面"战略布局进行决策部署，实施精准扶贫、精准脱贫方略，全面打响了脱贫攻坚战，取得了世界瞩目的减贫成就，创造了 21 世纪的人间奇迹。到 2020 年底，中国如期完成新时代脱贫攻坚目标任务，现行标准下 9899 万农村贫困人口全部脱贫，832 个贫困县全部摘帽，12.8 万个贫困村全部出列，区域性整体贫困得到解决，完成消除绝对贫困的艰巨任务。脱贫攻坚战深刻改变了贫困地区落后面貌，有力推动了中国农村整体发展，补齐了全面建成小康社会最突出短板，为全面建设社会主义现代化国家、实现第二个百年奋斗目标奠定了坚实基础。

3. 改造传统农业，农业现代化水平显著提升

100年来，中国广大农民在共产党的领导下，不断改造传统农业，提高农业综合生产能力，增强农产品供给能力，加快推进农业现代化。农业综合生产能力得到了根本提升，粮食和重要农产品有效供给得到充分保障。粮食总产量从1949年的11318万吨增加到2020年的66949万吨，增长了4.9倍，年均增长2.6%，远高于同期世界粮食产量平均增速。在人口保持增长的情况下，人均粮食占有量从209公斤增长到477公斤，增长了1.28倍。肉、蛋、菜、果、鱼等重要农产品产量稳居世界第一，成为农业大国，正向农业强国迈进。中国农业用世界9%的耕地解决了世界近20%人口的吃饭问题。中国人民不仅依靠自己的力量牢牢把饭碗端在自己的手中，而且为世界粮食安全做出了重要贡献。农业物质装备技术条件全面改善，农业现代化水平显著提升。新中国成立以来，党和国家投入大量人力、财力、物力，组织广大农民兴修水利、改造山河，推广科技，不断推进农业现代化。新中国成立之初，我国仅有22座大中型灌溉水库，2.4亿亩的灌溉面积根本无法抵御频发的自然灾害，目前农田有效灌溉面积已经超过10亿亩，位居世界第一。到2020年全国累计建成高标准农田8亿亩，一大批中低产田改造成了旱能灌、涝能排、田成方、路成行、渠相连、高产稳产的高标准农田。农业机械化快速发展，全国农机总动力由1952年的18万千瓦提高到10亿千瓦以上，农作物耕种收综合机械化率达71%。农业科技创新和应用能力显著提升，农业科技进步贡献率超过60%，农作物良种覆盖率稳定在96%以上。农业生产组织方式发生根本性变革，传统的小农经济正被现代化物质技术装备武装起来的家庭农场、农民专业合作社、农业产业化龙头企业所组织和引领，全国各类新型农业经营主体420多万家，其中家庭农场达100万家、农民专业合作社220万家、农业产业化龙头企业12万家、社会化服务组织90多万家。传统农业经营方式正加速向专业化、集约化、标准化、规模化、组织化和社会化的现代农业经营方式转变。

4. 乡村全面振兴，城乡一体化水平显著提升

建党100年来，我党无论是在革命时期，还是在建设或者改革时期，

都十分重视发展农村经济，改善农村社会状况。特别是自新中国成立以来，大力发展农村经济，推进农业产业链向外拓展延伸，建立健全乡村产业体系。农产品加工业总产值超过 22 万亿元，主要农产品加工转化率超过 65%。农村基础设施显著加强，农村人居环境"旧貌换新颜"。到 2018 年，全国农村地区有 99.9% 的农户所在自然村通公路、99.9% 的农户所在自然村通电、99.7% 的农户所在自然村通电话、98.1% 的农户所在自然村能接收有线电视信号、95.7% 的农户所在自然村已通宽带，2019 年 4G 通村率达 98%。农村居民人均住房建筑面积达 45.8 平方米，农村地区 65.3% 的农户所在自然村饮用水经过集中净化处理，49.3% 的农民做饭取暖主要使用煤气、天然气、液化石油气，83.6% 的农户所在自然村垃圾集中处理，53.5% 的行政村完成或部分完成集中改厕，许多村庄配上了垃圾桶，修建了排水沟，基本实现了垃圾统一收集、污水有序排放，告别了"垃圾靠风刮，污水靠蒸发"的时代。农村社会事业快速发展，亿万农民的获得感和幸福感显著增强。农村教育发展彻底扫除了农村青壮年文盲，基本实现了九年义务教育，农村人口素质全面提升；农村医疗卫生事业彻底改变了农村缺医少药、死亡率高的状况，农民健康水平和人均寿命大幅提高；农村社会保障经历了从无到有、标准逐步提高的发展历程，基本实现幼有所育、学有所教、老有所养、病有所医、弱有所扶的社会保障总体目标。95% 以上的乡镇有图书馆、文化站、幼儿园、托儿所和小学，80% 以上的村有卫生室。建立了统一的城乡居民基本养老保险制度和基本医疗保险制度。

5. 乡村治理体系不断完善，治理能力明显提升

乡村治理是国家治理体系和治理能力现代化建设的基础，实现乡村有效治理是"三农"事业发展的重要内容。自建党以来，中国共产党始终坚持推进乡村治理体系和治理能力现代化。党的基层组织建设取得的重大进展和显著成就，党的吸引力、凝聚力、战斗力不断增强。截至 2018 年底，中国共产党党员总量达 9059.4 万名，比 1949 年新中国成立时的 448.8 万名增长约 20 倍；全国党的基层组织数量增长达 461.0 万个，比

1949 年的 19.5 万个增长近 23 倍。分布广泛、严密完善、不断发展、富有活力的农村广大基层组织，始终是贯彻落实党的路线方针政策的战斗堡垒，为加快"三农"事业的发展提供了坚强的组织保障。改革开放后，随着人民公社体制的解体，中国共产党在农村探索出了以"民主选举、民主决策、民主管理、民主监督"为主要内容的村民自治，基层民主获得了长足发展。进入 21 世纪以来，特别是自党的十八大以来，村民大会制度、村民代表大会制度、村务监督委员会工作制度等逐步完善，形成了自治、法治、德治相结合的乡村治理体系，乡村治理能力显著提升。2020年，面对突如其来的新冠肺炎疫情，农村开展了高效疫情防控，成功抗击了疫情蔓延，充分彰显了基层组织的凝聚力和战斗力。

（二）"三农"工作的主要经验

中国"三农"的发展和实践，为推进国家治理体系和治理能力现代化进行了创造性探索，为实现人民生活从温饱不足到总体小康的历史性跨越、决胜全面建成小康社会做出了巨大贡献，为战胜各种困难和风险、保持社会大局稳定奠定了坚实基础，为成功开辟中国特色社会主义道路、形成中国特色社会主义理论体系积累了宝贵经验。

1. 始终坚持应用和创新马克思主义"三农"理论

中国共产党诞生之后就把马克思主义基本原理同中国革命和建设的具体实际结合起来，既坚持马克思主义基本立场观点方法，又致力于推进马克思主义中国化，在实践中应用、创新和发展马克思主义。"三农"问题一直是关系中国革命和建设的根本性问题。中国共产党坚持了马克思主义关于农民、农业和农村发展的基本理论，尤其是坚持"四项基本原则"和社会主义的改革方向、坚持农民阶级分析和工农联盟、坚持公有制的主体地位和农村集体所有制、坚持发展农业合作制、坚持大力推进城乡融合等。同时，中国共产党立足基本国情，深刻把握新的历史条件下农民的阶级状况、历史地位以及农业农村的发展道路，提出了一系列新的判断和政策选择。革命时期认识到"农民的力量，是中国革命的主要力量"，找到了一条以农村包围城市、武装夺取政权的正确革命道路，完成了新民主主义革命和社会主义革命；改革开放后，强调农村剥削阶级作为阶级已不复存在，停止以"阶级斗争为纲"的路线，把党和国家工作重新转移到经济建设上来，尊重中国小农经营的适应性和生命力，为家庭联产承包责任制以及推进小农户与现代农业发展有机衔接提供了理论支持；自党的十八大以来，全面深化农村土地制度、集体产权制度、农业支持保护制度等改革，发展农村股份合作，推动农村集体生产经营形式创新；坚持以人民为中心，强调农民的主体性地位，充分发挥了农民群众和农村基层的积极性和创造性等。这一系列实践探索、重大判断和政策选择成功地解决了农业农村发展的主体问题、方向和道路问题，推动了中国"三农"事业的向前顺利发展并取得了伟大成就。

2. 始终坚持加强和完善党对"三农"工作的全面领导

党管农村工作是中国共产党在长期的革命与建设中形成的优良传统。要办好农村的事，关键在党。在革命、建设、改革各个历史时期，我们党始终坚持和加强对农村工作的领导，领导亿万农民开展农村经济建设、政治建设、文化建设、社会建设、生态文明建设，不断健全党领导农村工作的组织体系、制度体系和工作机制，在全党全社会形成关心和支持"三农"发展的良好氛围与强大合力。特别是自党的十八大以来，以习近平同志为核心的党中央加强党对农村工作的全面领导，始终把解决好"三农"问题作为各项工作的"重中之重"，坚持农业农村优先发展的总方针，强化实施乡村振兴战略的党的组织保障，确保新时代农村工作始终保持正确政治方向。实践证明，只有坚持加强和改善党对农村工作的集中统一领导，我们才能战胜各种困难挑战，把握"三农"工作乃至全局发展的主动性。当前正处于全面推进乡村振兴开新局、起好步的关键时期，必须继续坚持加强和改善党对农村工作的领导，提高党把方向、谋大局、定政策、促改革的能力和定力，提高新时代党全面领导农村工作能力和水平，为农村改革发展稳定提供坚强的政治和组织保证。

3. 始终坚持巩固和加强农业的基础地位

民为国基，谷为民命。务农重本，国之大纲。农业农村农民问题是关系国计民生的根本性问题，农业是关系国计民生的基础性、战略性产业。手中有粮，心中不慌。中国共产党始终把解决好十几亿人口的吃饭问题作为治国安邦的头等大事，把保障国家粮食安全和主要农产品有效供给作为现代农业建设的首要任务，把中国人的饭碗牢牢端在自己手中，中国人的饭碗主要装中国粮。特别是自党的十八大以来，我国深入实施"藏粮于地、藏粮于技"战略，加大农业支持保护力度，确保谷物基本自给，口粮绝对安全。虽然农业产值占国内生产总值的比重和农业人口占全国总人口的比重都在下降，但农业作为基础性、战略性产业的地位没有改变，农业保供给、保收入、保生态、保稳定的功能没有改变。当前新冠肺炎疫情在全球蔓延，国内外形势复杂多变，中国共产党充分发挥了农业农村稳定器、压舱石的作用，为经济健康发展和社会大局稳定增添底气。

4. 始终坚持维护和保障农民的基本权益

农民群众对切身利益的追求、对美好生活的向往，是推动社会历史的发展和进步的重要力量。我们党成立以后就一直把依靠农民、为亿万农民谋幸福作为重要使命，把"保障农民经济利益，尊重农民民主权利"作为对待农民的基本准则和制定党的农业农村政策的出发点和落脚点，有效保护和调动了广大农民的积极性、主动性和创造性，紧紧依靠农民的智慧和力量推动了农业农村的改革发展。新民主主义革命时期，我们党领导农民"打土豪、分田地"，带领亿万农民求解放，为革命胜利提供了重要力量。社会主义革命和建设时期，我们党领导农民改变农村贫穷落后面貌，取得了了不起的成就。自改革开放以来，我们党领导农民率先拉开了改革序幕，确立家庭联产承包责任制，实行家庭承包经营为基础、统分结合的双层经营体制，废除两千多年的农业税，统筹城乡发展，改善农村基础设施，发展农村社会事业，农业农村发生了翻天覆地的巨变。自党的十八大以来，我们全面深化农村改革，加快推进农业现代化，加快建设美丽宜居的乡村，加快推进城乡发展一体化，农业农村发展取得了有目共睹的成就，广大农民得到了实实在在的实惠。党的十九大提出，必须始终让改革发展成果更多更公平地惠及全体人民，朝着实现全体人民共同富裕不断迈进。

5. 始终坚持解放和发展农村社会生产力

生产力是社会发展的最终决定力量。坚持解放和发展社会生产力是社会主义的本质要求，是中国特色社会主义的根本任务。围绕解放和发展生产力这一根本任务，中国共产党坚持不懈地推进农村改革和制度创新，不断破除阻碍发展的体制机制障碍，使生产关系适应生产力发展的要求。自改革开放以来，废除了人民公社体制，实行家庭承包经营制度，促进土地流转与适度规模经营，培育新型农业经营主体和服务主体，完善农村产权制度，调整不适应生产力发展要求的生产关系，打破了制约生产力发展的桎梏。特别是自党的十八大以来，按照"扩面""提速""集成"的要求，从深度和广度上全面推进农村改革，培育农业农村发展新动能。实施乡村振兴战略，在政策上作出前瞻性安排，在工作中拿出创新性举措，不断释放农村经济社会发展的体制动力和内生活力。

6. 始终坚持调整和完善工农城乡关系

城镇和乡村是互促互进、共生共存的。如何处理好工农关系、城乡关系，在一定程度上决定着国家现代化的成败。建党之后，中国共产党首先在敌人统治力量比较薄弱的农村，发动农民武装起义，建立人民军队，建立革命根据地，最后夺取全国胜利。新中国成立初期，实行城乡兼顾、工农并举，城乡关系相对融洽，农业生产得到显著恢复，但从第一个五年计划开始，国家采取了一系列措施，通过工农产品价格剪刀差，为工业化提供积累，走上了以农补工、以乡助城的发展道路，逐渐形成城乡分割的二元格局。改革开放后，通过经营制度改革增强了农业农村活力，提高农业生产力水平，并着力改善农村商品流通和农业生产条件，农业经济的恢复和发展为工业化和城镇化奠定了坚实的基础。进入 21 世纪，中国共产党在深刻总结前期城乡发展经验教训的基础上，明确提出统筹城乡发展战略，实行"工业反哺农业、城市支持农村"和"多予少取放活"的方针，城乡统筹发展的制度框架得以确立，一系列促进城乡协调发展的政策取得了显著成效，打破了农业农村发展长期徘徊不前的局面，扭转了城乡发展差距过大的态势。自党的十八大以来，城乡关系由政策性调整阶段转入布局性、制度性建设阶段。着力健全体制机制，推动形成以工促农、以城带乡、工农互惠、城乡一体的新型工农城乡关系。党的十九大提出"实施乡村振兴战略"，将乡村发展上升为国家战略高度加以部署和推进。正是通过这样坚持不懈的努力，我国城乡发展差距逐渐缩小，城乡结构进一步优化，工农互促、城乡互补、协调发展、共同繁荣的新型工农城乡关系正加快形成，为全面建设社会主义现代化国家提供基础支撑和重要保障。

（三）"三农"面临的问题挑战

1. 农业发展基础薄弱

我国粮食安全保障水平得到有效提升，实现了基本自给，但仍处于紧平衡状态。近年来，粮食生产成本持续上升，种粮效益持续偏低，农民种粮积极性下降，不仅经济发达地区粮食面积大幅减少，中西部不少地方土地抛荒现象也明显增加。粮食安全基础仍不稳固，粮食安全隐患依然存在。耕地、水等资源约束依然严峻，一些地区耕地保有量已经突破耕地红线，低于划定的永久基本农田，国内耕地增加的潜力十分有限，耕地质量退化面积较大，农业面源污染仍然突出，资源环境刚性约束趋紧。农业科技支撑能力还很薄弱，种业自主创新与发达国家还有较大差距。随着经济发展和消费结构升级，粮食和"菜篮子"产品需求将持续刚性增长。极端灾害风险加大，农业生产面临自然风险、市场风险、社会风险同时出现的严峻局面。

2. 农村发展存在短板弱项

目前城乡发展的差距依然较大，最直观的体现就是基础设施和公共服务。一些地区的农村水源地保护存在划定难、监管难问题，安全隐患较大。部分欠发达地区存在电网薄弱、电压质量不高等问题，难以满足当地居民经济社会发展的实际需要。部分乡村道路建设质量较差。全国农村污水集中处理或部分集中处理的村庄占比不到一半，处理设施存在严重不足。农村教育、医疗、社会保障等公共服务供给不足问题更为突出。农村教师和医生学历层次、职称层次普遍偏低，待遇较低，城乡之间合理流动困难。部分村庄的卫生室简陋，医疗设备条件差，名存实亡。最低生活保障制度、新型农村合作医疗、医疗救助和新型农村社会养老保险等制度建立相对较晚，制度尚不完善。此外，农村治理能力有待提高。由于受地理、区位和资源条件限制，很多村集体基本没有收入，基本办公经费都要上级拨付。很多地区的村干部收入较低，并且普遍存在年龄老化、知识结构不合理、服务意识薄弱等问题。

3. 农民富裕富足水平较低

随着我国全面建设小康社会事业的稳步推进，农村居民收入水平持续增长，但是局部地区部分农村居民的收入水平还很低，农民未来持续增收难度还较大。当前受新冠肺炎疫情和宏观经济下行压力的影响，农民工流动趋缓、工资增长势头不断放缓；在国际农产品价格下行、国内农业生产成本提高的"天花板效应"和"地板效应"的双重挤压下，依靠传统农业实现持续增产增收的难度较大；农民财产性收入比重微乎其微，短期内快速增长的可能性较低。虽然近年来城乡居民相对收入差距持续缩小，但是城乡居民收入绝对差距依然在持续扩大，并且农村居民内部之间的收入差距持续扩大。

总体来说，新中国成立后，特别是自改革开放以来，中国农业生产力明显提高，农村生态环境有所改善，农民生活条件显著提升，农业农村现代化具备良好基础，但是也存在短板弱项，劳动生产率、土地生产率与国际先进水平还存在较大差距，资源生态条件约束还很严峻，农民收入水平、教育卫生等生活条件还不完善。全面建设社会主义现代化国家，实现中华民族伟大复兴，最艰巨最繁重的任务依然在农村，最广泛最深厚的基础依然在农村。如何全面推进农业农村现代化是急需研究破解的重大课题。

第二章

中国特色农业农村现代化理论的
演进和形成

随着生产力的显著提升和经济社会的全面发展，中国对农业农村现代化的探索经历了由重点强调"农业现代化"到全面推进"农业农村现代化"的深化过程，农业农村现代化的内涵逐渐完善丰富，逐渐形成了中国特色农业农村现代化理论。

一、社会主义革命和建设时期，
曲折探索农业现代化

鸦片战争以后，中国农村灾荒不断，赋税沉重，农民生活每况愈下。"洋务派"提出中国农业也应该像西方农业一样发展，成为国民经济的基础。孙中山先生也认识到农业的重要性，提出"盖农矿工业，实为其他种种事业之母也"，并在四项改革纲领"人能尽其才，地能尽其利，物能尽其用，货能畅其流"中，具体说明如何改造落后农业。"所谓地能尽其利者，在农政有官，农务有学，耕耨有器也"，也就是通过农业管理、农业知识、农业机器等，实现农地的最大产出。新中国成立后，中国共产党领导全国人民开启了全面推进国家现代化的伟大实践。

本章执笔人：王莉、张静宜、金文成、付饶

25

（一）工农业并举实现农业现代化

新中国成立之初，以毛泽东为代表的中国共产党人把马克思主义基本原理同中国具体实际相结合，在土地改革实现"耕者有其田"的基础上，借鉴苏联农业发展的经验，探索回答中国落后的农业怎样实现现代化的问题。

人多地少且发展滞后的基本国情决定了我们走上一条与发达国家农业现代化完全不同的道路。党的第一代领导集体对农业现代化的设想，主要是为新中国的工业化开辟道路，走出一条中国特色的工农并举的工业化道路。在 1954 年召开的第一次全国人民代表大会上，中央明确提出要实现工业、农业、交通运输业和国防"四个现代化"的任务，这是对"四个现代化"的最初表述。1964 年召开的第三届全国人民代表大会宣布，今后发展国民经济的主要任务，是要在不太长的历史时期内，把我国建设成为一个具有现代农业、现代工业、现代国防和现代科学技术的社会主义强国[1]，对"四个现代化"的内容和次序作了调整，把农业现代化置于首位。

这一时期主要从生产条件的物质层面认识农业现代化，把"机械化、电气化、化肥化和水利化"作为农业现代化的核心内涵。1959 年 10 月，党中央批转农业机械部的报告将农业现代化等同于"机械化、水利化、化学化、电气化"[2]。1961 年 3 月，周恩来在中央经济工作会议上提出，有步骤地实现农业的机械化、水利化、化肥化、电气化[3]，首次明确了农业现代化的基本内涵。

---

[1] 戚义明. 略论毛泽东的农业现代化思想及实践 [J]. 中国延安干部学院学报，2009 (05)：57-61.

[2] 马齐彬. 中国共产党执政四十年 [M]. 北京：中共党史资料出版社，1990.

[3] 曹应旺. 中国的总管家周恩来 [M]. 上海：上海人民出版社，2006.

（二）依靠要素投入改变落后的农业生产力

以农业增产为目标，依靠要素投入推进农业现代化建设，包括机械、电力、化肥、农药、先进技术推广和基本农田水利建设等，重点是农业机械化。1959 年 4 月，毛泽东在给六级干部所写的《党内通信》中提出，农业的根本出路在于机械化……提到机械化，用机械制造化学肥料这件事，必须包括在内。逐年增加化学肥料，是一件十分重要的事①。党和政府领导农民群众兴修农田水利、选育推广优良品种、推广农业"八字宪法"和精耕细作等技术措施，办了很多农民个体办不了的事，为农业现代化建设奠定了物质基础。但也有一些失误和曲折，原因在于依靠改变生产关系实现现代化的路径不适应生产力发展的实际，以及对实现农业现代化的艰巨性、长期性认识不足，在现代化转型的历史过程中急于求成，导致农业发展受到制约，也给社会主义建设造成困难。

（三）通过合作化改造分散的小农经济

毛泽东创造性地提出"先合作化，后机械化"的农业现代化路径，通过生产关系的变革改造落后的小农经济，从而改变农业落后的面貌。1955 年 7 月，毛泽东在《关于农业合作化问题》的报告中提出，如果我们不能在大约三个五年计划的时期内基本上解决农业合作化的问题……我们的社会主义工业化事业就会遇到绝大的困难，我们就不可能完成社会主义工业化，因此，在我国的条件下（在资本主义国家内是使农业资本主义化）则必须先有合作化，然后才能使用大机器②。

在毛泽东看来，实行合作化是实现农业现代化的必要步骤，要先组织农民群众实现互助合作，再通过机械化促进农业生产力提升，以合作化和

---

① 毛泽东文集（第 8 卷）［M］．北京：人民出版社，1999．
② 毛泽东文集（第 6 卷）［M］．北京：人民出版社，1999．

机械化两个互相促进的发展步骤对个体小农进行社会主义与现代化的双重改造。从 1953 年开始，国家组织农民走上了合作化道路，仅用了几年时间就将分散的农民组织到合作社。到 1956 年底，农业的社会主义改造基本完成。1958 年又开展了人民公社化运动。

（四）举办农村社会事业，改善农民的生产生活条件

合作化改造也是为农村建设奠定基础。1955 年 7 月 31 日，毛泽东在《关于农业合作化问题》中提出，在逐步地实现社会主义工业化和逐步地实现对于手工业、对于资本主义工商业的社会主义改造的同时，逐步地实现对于整个农业的社会主义的改造，即实行合作化，在农村中消灭富农经济制度和个体经济制度，使全体农村人民共同富裕起来。我们认为只有这样，工人和农民的联盟才能获得巩固。到 1956 年底基本实现了生产资料公有制的改造，标志着我国社会主义制度的基本确立，为农村事业的发展奠定了制度基础。这一时期农村建设就是在农业合作化，以及后来的集体化、人民公社化实践中开展的。

农村人民公社作为政社合一的基层单位，既有集体经济组织的生产经营管理职能，又要履行农村基层政权的公共服务与社会治理职能。在"大跃进"和"农业学大寨"期间，领导农民群众开展了大规模的农田水利基本建设，以机械化和水利化为推动，进行农业基础设施建设和农业技术改造，到 1978 年全国有效灌溉面积达 4496.5 万公顷，是 1952 年的 3.1倍，促进农业综合生产能力的提高。积极开展农村的扫除文盲活动，借助夜校、识字班、农业技术学校等形式大办农村教育，出版通俗读物、发展农村广播、放映电影以满足农民学习新文化的需求。建立了以"五保"和合作医疗为代表的农村集体社会保障体系，以集体经济为依托创立合作医疗制度，逐渐将医疗卫生工作的重点放到了农村，以较低的水平解决了农村基本公共福利事业"有没有"的问题，缓解了农村的落后状况，推动农村建设事业迈出一大步。1956 年 8 月 30 日，毛泽东在第八次全国代表大会预备会议上发表《增强党的团结，继承党的传统》的讲话，讲话

指出过去说中国是"东亚病夫"，经济落后，文化也落后，又不讲卫生……但是，经过这六年的改革，我们把中国的面貌改了。我们的成绩是谁也否认不了的。

这一时期的合作化集体化进程中，农村建设也积累了正反两个方面的经验。高指标、瞎指挥、浮夸风、共产风的"左"倾错误下的一系列束缚生产力发展的制度安排对农村生产力造成了严重破坏，农村建设也经历严重的曲折，"一大二公"的人民公社运动极大挫伤了农民的生产建设积极性，农民的自主权和利益受到了伤害，明显违背经济社会发展规律。尽管如此，依托集体的人民公社在广大农村地区提供教育、医疗等基本公共服务，创办"五保"等农村福利事业，根据自身条件开办社队企业、发展乡村工业，改善了农村的发展面貌和农民的物质文化生活，客观层面上，农民享受到了生产力发展和生产生活条件改善的果实，也为推进农村现代化建设奠定了制度基础、物质基础和思想基础，促使农村现代化建设迈出第一步。

二、改革开放和社会主义现代化建设新时期，明确农业现代化道路

党的十一届三中全会后，实现党和国家工作中心的战略转移，开启了改革开放和社会主义现代化建设新时期。这一时期的主要任务是继续探索中国建设社会主义的正确道路，解放和发展社会生产力，使人民摆脱贫困、尽快富裕起来，为实现中华民族伟大复兴提供充满新的活力的体制保证和快速发展的物质条件[①]。对于农业现代化，党和国家高度重视，重新全面审视农业现代化的道路，决定要走一条适合中国国情的道路，通过要素投入、体制改革、科技创新、市场化、产业化加快推进农业现代化，同时农村建设逐步展开。

---

① 资料来源：《中共中央关于党的百年奋斗重大成就和历史经验的决议》。

（一）走适合国情的农业现代化道路

党的十一届三中全会深入讨论了农业问题，对实现农业现代化进行全面部署，强调"走出一条适合我国情况的农业现代化道路"。邓小平指出，我国的农业现代化，不能照抄西方国家或苏联一类国家的办法，要走出一条在社会主义制度下合乎中国情况的道路①。

改革开放后，农业现代化的发展与深化改革紧密联系，1983 年中央一号文件提出，要按照我国的国情，逐步实现农业的经济结构改革、体制改革和技术改革，走出一条具有中国特色的社会主义的农业发展道路②，为中国农业现代化建设指明了方向，农村改革逐步成为农业现代化的动力。

经过 30 年的实践，适合国情的农业现代化道路取得显著成效。到党的十六大，我们党对"三农"工作提出了一系列新理念、新方法、新政策，统筹城乡经济社会发展，实行"多予、少取、放活"方针，建设社会主义新农村，农业现代化的内涵更加具有综合性、社会性。党的十七大提出，走中国特色农业现代化道路，并将其作为中国特色社会主义发展道路的重要组成部分。党的十七届三中全会提出，新形势下推进农村改革发展，要把走中国特色农业现代化道路作为基本方向。党的十七届五中全会明确了在新的历史起点上推进农业现代化、加快社会主义新农村建设的指导思想和目标任务，提出在工业化、城镇化深入发展中同步推进农业现代化。

（二）丰富农业现代化的内涵

这一时期，我们对农业现代化的认识突破了原有"四化"的局限，

---

① 邓小平文选（第 3 卷）［M］．北京：人民出版社，1993．
② 十二大以来重要文献选编（上）［M］．北京：中央文献出版社，2011．

向经营管理环节延伸。党的十一届四中全会通过的《中共中央关于加快农业发展若干问题的决定》对农业现代化的部署涵盖科技、机械化、生产区域化专业化社会化、商品粮基地、农产品加工业等多方面。

邓小平多次论述"科学技术是第一生产力",认为在人多地少的情况下提高农业生产水平,除了靠机械化还要重视科学化,提出农业现代化不单单是机械化,还包括应用和发展科学技术等①。他访问美国、日本等地,在把握世界农业发展新趋势的基础上,提出农业问题最终可能是科学解决问题②,将科学化作为农业现代化的核心内涵,促使我国农业现代化及时跟上世界农业科技发展的步伐。

1990年3月,邓小平对农业改革发展提出"两个飞跃"理论,其中第二个飞跃是适应科学种田和生产社会化的需要,发展适度规模经营,发展集体经济,他认为,仅是一家一户的耕作,不向集体化集约化经济发展,农业现代化的实现是不可能的③,指出集体经济发展和集约化经营是农业现代化发展的方向,并强调这是很长的过程。

1992年我国社会主义市场经济体制确立后,家庭经营融入市场经济成为推动农业现代化发展的关键。工业化、城镇化的发展和加入世贸组织要求进一步增强农业竞争力。以家庭联产承包责任制为基础的各种规模化和产业化经营的新方式不断出现,适应市场经济发展的股份合作制农业企业逐渐增多,发展规模经营和农业产业化成为农业现代化的发展共识。

1997年党的十五大提出,积极发展产业化经营,形成生产、加工、销售有机结合和相互促进的机制,推进农业向商品化、专业化、现代化转变。通过产业化、一体化经营的"统"与"联",将家庭经营的小生产与大市场联结起来,促进农业生产经营由"小而弱"走向"大而强"。

党的十五届三中全会明确提出,农业的根本出路在科技、在教育。由传统农业向现代农业转变,由粗放经营向集约经营转变,必然要求农业科技有一个大的发展,进行一次新的农业科技革命,把农业科技教育提到一

---

① 邓小平文选(第2卷)[M]. 北京:人民出版社,1994.
② 邓小平文选(第3卷)[M]. 北京:人民出版社,1993.
③ 邓小平年谱(1975年—1997年)(下)[M]. 北京:中央文献出版社,1994.

个新高度，促进农业和农村经济增长转到依靠科技进步和提高劳动者素质的轨道上来。以市场化为导向，以科学化为核心，推进农业产业化经营，促进生产集约化和服务社会化，农业现代化的内涵变为"科学化、集约化、社会化和产业化"，以现代装备、现代科技和现代管理来发展农业。

2007 年中央一号文件全面阐述中国特色农业现代化的内涵，以"六用三提高"系统表述农业现代化的目标和思路：用现代物质条件装备农业，用现代科技改造农业，用现代产业体系提升农业，用现代经营形式推进农业，用现代发展理念引领农业，用培养新型农民发展农业，提高农业水利化、机械化和信息化水平，提高土地产出率、资源利用率和劳动生产率，提高农业素质、效益和竞争力。内容涵盖现代农业要素、农业产业体系、农业生产组织形式和农业发展模式等多方面和全过程，表明农业现代化是多元要素的综合，是生产力发展与生产关系协调的产物。

（三）逐步加强农村建设

社会主义建设时期，受国家财力和农村发展基础限制，农村现代化是个艰难的过程。中国真正开始探索其现代化的道路，是在改革开放后①。在改革开放和社会主义现代化建设时期，农村改革成为农村现代化的发展动力。从实行家庭承包经营，稳定完善农村基本经营制度，到改革流通体制，建立健全农村市场体系；从调整农业农村经济结构，到促进产业化经营；从改革农村税费制度，到完善支持保护制度；从废除人民公社体制到建立健全村民自治，改革持续发力，极大解放发展了社会生产力，极大促进了农村建设和发展。

党的十一届三中全会以农村改革作为突破口，翻开了农村建设的新篇章。全会原则通过的《中共中央关于加快农业发展若干问题的决定（草案）》强调，为调动农民积极性，必须在经济上充分关心他们的物质利

---

① 秦国伟，董玮．农村现代化的内涵、演进与建构体系［J］．中国发展观察，2021（05）：45-46.

益，在政治上切实保障他们的民主权利，我们一定要十分注意加强小城镇的建设，逐步用现代工业交通业、现代商业服务业、现代教育科学文化卫生事业把它们武装起来，作为改变全国农村面貌的前进基地。经济体制改革率先自农村取得突破，实行家庭联产承包责任制，推动农村生产力解放。在解放生产力这一发展思路基础上，农村改革极大释放了农村发展活力。从 1982 年起，中央连续 5 年出台指导农业农村工作的中央一号文件，不仅关注农业发展，而且关注农村建设，要求广辟资金来源加快农村建设，鼓励农民投资建设农村基础设施和兴办社会事业，加强对小城镇建设的指导，将集镇建设成为农村区域性的经济文化中心，建设具有高度精神文明和高度物质文明的新农村。1992 年邓小平在南方谈话中强调，社会主义的本质是解放生产力，发展生产力，消灭剥削，消除两极分化，最终达到共同富裕。这个阶段农业增产目的和农民增收成为政策两个最为重要的目标内容。在农村组织治理上，1980 年 2 月，广西宜州市屏南乡果作村村民自发成立了村民委员会，在全国率先实行村民自治，这一基层的创造性探索得到了中央重视和认可。1982 年，村民委员会作为基层实践成果写进《宪法》。1987 年，《村民委员会组织法（试行）》以法律形式确定了农村基层民主建设的成果。1998 年，《村民委员会组织法》从法律上确保民主选举、民主决策、民主管理、民主监督等村民自治的各项制度的落实，保障农民群众真正享有各项民主权利。"乡政村治"的乡村治理框架逐步形成并延续至今，构成了农村发展建设的基本格局。

党的十三届四中全会以后，以江泽民同志为主要代表的中国共产党人，根据建设小康社会的要求不断深化对农村建设的理解、丰富农村建设的内容。1991 年党的十三届八中全会通过的《中共中央关于进一步加强农业和农村工作的决定》指出，20 世纪 90 年代农业农村工作的总目标是：在全面发展农村经济的基础上，使广大农民的生活从温饱达到小康水平，逐步实现物质生活比较丰裕，精神生活比较充实，居住环境改善，健康水平提高，公益事业发展，社会治安良好。1998 年，党的十五届三中全会通过的《中共中央关于农业和农村工作若干重大问题的决定》，从经济、政治、文化三大方面擘画了到 2010 年建设有中国特色社会主义新农村的目标，涉及农村建设的主要包括：农村产业结构进一步优化，城镇化水平有较大提高；农民收入不断增加，农村全面实现小康，并逐步向更高的水平前进；以党支部为核心的村级组织健全，干群关系密切；加强法治，保持农村良好的社会秩序和治安环境；发展农村教育、卫生、体育、文化事业等。

这一时期农村建设，在农村经济体制改革的带动下告别了生产资料短缺的生活，实现了农产品由短缺到总量平衡、丰年有余的历史性转变，为解决温饱问题实现小康奠定了基础。但在市场机制下，不合理的资源要素配置结构使城乡区域间的差距逐渐拉大，农民收入增长缓慢，农民群体的发展弱势愈加凸显，体制机制的深层次问题制约农村建设，农村发展面临新的问题和考验，不仅是农村经济发展面临的突出矛盾，也是事关国民经济全局的重大问题。

（四）统筹城乡发展方略下的"三农"发展

党的十六大报告提出，统筹城乡经济社会发展，建设现代农业，发展农村经济，增加农民收入，是全面建设小康社会的重大历史任务。城乡统筹的着力点是建设现代农业、繁荣农村经济、增加农民收入三方面。党的十六大以后，以胡锦涛同志为主要代表的中国共产党人从全面贯彻落实科学发展观、全面建设小康社会出发，进一步深化了对农村建设的规律性认识，对"三农"问题的解决有了新思路，2003年1月的中央农村工作会议指出，全面建设小康社会，必须统筹城乡经济社会发展，更多地关注农村，关心农民，支持农业，把解决好农业、农村和农民问题作为全党工作的重中之重，放在更加突出的位置。2004年10月，胡锦涛同志在党的十六届四中全会上提出了"两个趋向"的论断：纵观一些工业化国家发展的历程，在工业化初始阶段，农业支持工业，为工业提供积累是带有普遍性的趋向；但在工业化达到相当程度以后，工业反哺农业，城市支持农村，实现工业与农业、城市与农村协调发展，也是带着普遍性的趋向；我国现在总体上已经到了以工促农、以城带乡的发展阶段。这是对工农城乡关系的认识的重大理论创新和飞跃，为促进农村现代化提供了更为有利的政策环境。

用统筹城乡的新思路解决"三农"问题，就要调整城乡利益关系，从城市这一头拿出更多的资源来补农村这一头的短板。国家把基础设施建设和社会事业发展的重点转向农村，国家财政新增教育、卫生、文化等事业经费和固定资产投资增量主要用于农村，打破了长期以来农村事情农民办的传统理念和制度安排，把改善农村民生作为调整国民收入分配格局的重要内容。农民不仅"种地不缴税"，还享有国家补贴和政策支持。全面取消了对农民工进城务工的不合理限制，解决了工资拖欠问题，不断健全城乡平等的就业制度和农民工权益保障机制，做好子女入学、社会保障、公共卫生、住房保障等工作。打破城乡壁垒的制度藩篱，推进公共服务体系均等化，积极稳妥推进城镇化，让更多农业转移人口有序融入城镇。2010年，农民享有和城市居民平等的选举权，实现了同票同权。农民更多地享有与城市居民同等的发展权利和发展机会。

从2004年起，中断了18年的中央一号文件再次发布，此后每年的中央一号文件都聚焦农业农村发展，构建了新时期"三农"政策体系，归结起来，就是在多予、少取和放活上作文章。"多予"就是多予政策、多予投入，协调各方力量、争取各部门对"三农"发展的支持。中央"三农"投入逐年增长，从2003年的2144亿元跃升到2012年的12286.6亿元，年均增幅超过两成①。2004年起实行良种补贴、种粮直接补贴、农资综合直补和农机购置补贴"四补贴"政策和重点粮食品种最低收购价政策，2005年和2008年分别出台了产粮大县和产油大县奖励政策。农业补贴政策体系不断完善，拿出真金白银给农民发放补贴，是党惠农政策的集中体现。"少取"就是推进农村税费改革，切实减轻农民负担，让农民休养生息。2003年全国所有省区市全面推进农村税费改革试点工作。2004年起取消除烟叶外的农业特产税，并提出"有条件的地方可进一步降低

---

① 中央财政"三农"投入稳定增长保障机制逐步完善［EB/OL］．［2012-10-25］．ht-tp：//www.gov.cn/gzdt/2012-10/25/content_ 2250846.htm.

农业税率或免征农业税"。到 2005 年底，全国已有 28 个省份免征农业税，农业税在我国财政收入中的比重不足 1%。2005 年 12 月，第十届全国人大常委会第十九次会议通过决定，自 2006 年 1 月 1 日起废止《农业税条例》。"放活"就是通过深化农村改革进一步活跃农村经济，拓宽农民增收渠道，激发农民群众的积极性、主动性、创造性。深化农村经营体制改革，规范农村土地承包经营权流转，培育扶持新型经营主体，加快构建农业社会化服务体系，赋予农民更加充分而有保障的土地承包经营权，加快推进农村金融改革，促进生产要素回流农村，打通城乡资源与市场对接的通道，增加农民干事创业、增收致富的积极性。

提出建设社会主义新农村的重大目标任务。党的十六届五中全会通过的《中共中央关于制定国民经济和社会发展第十一个五年规划的建议》指出，按照"生产发展、生活宽裕、乡风文明、村容整洁、管理民主"的要求建设社会主义新农村，是我国现代化进程中的重大历史任务。农村基础设施建设和社会事业发展的短板加快补齐，加快了农村现代化的进程。首先是在农村率先实现免费义务教育。从 2005 年开始，在中西部地区对义务教育阶段的农村贫困家庭子女实行"两免一补"，2007 年，免除农村义务教育阶段学生学杂费的范围扩大到全国，全国农村中小学每年减免学杂费达 150 亿元[①]。中央对中西部及东部部分地区农村中小学教师工资经费给予支持，确保农村中小学教师工资按照国家标准及时足额发放。适龄儿童不花钱、有学上，显著减轻了农村家庭教育负担。其次是建立农村社会保障制度。建立新型农村合作医疗制度，2003 年开始试点并逐步推开，2008 年新型农村合作医疗制度实现全覆盖。2007 年中央一号文件明确提出，在全国范围建立农村最低生活保障制度，随后国务院发布《关于在全国建立农村最低生活保障制度的通知》，农村"低保"制度全面建立。2009 年新型农村社会养老保险制度建设正式启动，到 2012 年实现全覆盖。最后是农村基础设施普遍提升。自 2003 年以来，国家启动了

---

① 李慧. 新农民新农村新画卷——十六大以来新农村建设述评［N］. 光明日报，2012-08-13.

新中国成立后规模最大的农村公路建设，农村道路普遍改善。加大农村安全饮水解困支持力度，到 2004 年底基本解决了农村饮水困难问题。大力支持农村小型农田水利建设，开展农村危房改造试点，显著改善了农村生产生活条件。邮政、网络、通信服务网络覆盖农村，乡村图书馆、文化馆、广播电视"村村通"等公益性文化项目丰富了农民精神文化生活。

建设社会主义新农村是在我国总体上进入以工促农、以城带乡的阶段的重大课题，是现代化进程中重大历史任务，从农业积累支持工业转向加强对农业的扶持和保护，加大公共财政的支农力度，让公共服务更多地深入农村、惠及农民，让公共财政更多地覆盖农村，为做好"三农"工作、促进农村现代化提供了发展机遇。

三、中国特色社会主义新时代，
全面加快农业农村现代化

自党的十八大以来，习近平总书记推进马克思主义中国化，创造性地坚持和发展了中国特色社会主义思想，有关"三农"方面提出了一系列重要论述、重大论断，创新和发展了党的"三农"理论，成为指导"三农"发展的行动指南。习近平总书记在党的十九大首次明确提出"农业农村现代化"，并不断丰富其理论内涵。

（一）农业农村现代化的战略意义

习近平总书记从讲政治的高度看"三农"，用大历史观审视"三农"，一直强调，没有农业农村现代化，就没有整个国家现代化。我国现代化走的是工业化、信息化、城镇化、农业现代化"四化同步"的发展道路。没有农业现代化，没有农村繁荣富裕，没有农民安居乐业，国家现代化也是不完整、不全面、不稳固的。没有农业农村现代化，就没有整个国家现代化。当前我国农业农村发展还非常薄弱，农业还是"四化同步"的短

腿，农村还是全面现代化的短板。全面建设社会主义现代化国家，实现中华民族伟大复兴，最艰巨最繁重的任务依然在农村，最广泛最深厚的基础依然在农村；解决好发展不平衡不充分问题，重点难点在"三农"，迫切需要补齐农业农村短板弱项，推动城乡协调发展；构建新发展格局，潜力后劲在"三农"。要坚持把解决好"三农"问题作为全党工作重中之重，把全面推进乡村振兴作为实现中华民族伟大复兴的一项重大任务，举全党全社会之力加快农业农村现代化，让广大农民过上更加美好的生活。

（二）农业农村现代化的重大任务

习近平总书记从我国基本国情、农情出发，充分学习借鉴世界各国现代化建设的经验与教训，深刻把握现代化进程中工农、城乡关系演变规律，提出了两个规律的重要论断。在现代化进程中，城的比重上升，乡的比重下降，是客观规律。但在我国拥有近14亿人口的国情下，不管工业化、城镇化进展到哪一步，农业都要发展，乡村都不会消亡，城乡将长期共生并存，这也是客观规律。如果在现代化进程中把农村落下，这既不符合我们党的执政宗旨，也不符合社会主义的本质要求。这样的现代化是不可能取得成功的。如何处理工农关系、城乡关系，在一定程度上决定着现代化的成败。

中国作为共产党领导的社会主义国家，应该有能力、有条件处理好工农关系、城乡关系，顺利推进我国社会主义现代化进程。40多年前，通过农村改革拉开了改革开放大幕。我国广大农民为推进工业化、城镇化做出了巨大贡献，农业发展和农村建设也取得了显著成就，为我国改革开放和社会主义现代化建设打下了坚实基础。40多年后的今天，应该通过振兴乡村，开启城乡融合发展和现代化建设新局面。坚决破除体制机制弊端，促进城乡要素自由流动、平等交换和公共资源合理配置，加快形成工农互促、城乡互补、全面融合、共同繁荣的新型工农城乡关系。在资金投入、要素配置、公共服务、干部配备等方面采取有力举措，加快补齐农业农村发展短板，不断缩小城乡差距，让农业成为有奔头的产业，让农民成为有吸引力的职业，让农村成为安居乐业的家园。

（三）农业农村现代化的主要目标

习近平总书记践行党的宗旨意识和人民情怀，明确了从"强、美、富"到"高、宜、富"的农业农村现代化内涵和目标。2017 年中央农村经济工作会议提出，到 2035 年，乡村振兴取得决定性进展，农业农村现代化基本实现；到 2050 年，乡村全面振兴，农业强、农村美、农民富全面实现。2018 年，习近平总书记指出，农业强不强、农村美不美、农民富不富，决定着全面小康社会的成色和社会主义现代化的质量。同年 9 月习近平总书记又指出，农村现代化既包括"物"的现代化，也包括"人"的现代化，还包括乡村治理体系和治理能力的现代化。2020 年，党的十九届五中全会强调要优先发展农业农村，全面推进乡村振兴，加快农业农村现代化；在中央农村工作会议上，习近平总书记强调，要举全党全社会之力推动乡村振兴，促进农业高质高效、乡村宜居宜业、农民富裕富足。

2022 年中央一号文件进一步明确农业农村现代化的近期目标。到 2025 年，农业农村现代化取得重要进展，农业基础设施现代化迈上新台阶，农村生活设施便利化初步实现，城乡基本公共服务均等化水平明显提高。农业基础更加稳固，粮食和重要农产品供应保障更加有力，农业生产结构和区域布局明显优化，农业质量效益和竞争力明显提升，现代乡村产业体系基本形成，有条件的地区率先基本实现农业现代化。脱贫攻坚成果巩固拓展，城乡居民收入差距持续缩小。农村生产生活方式绿色转型取得积极进展，化肥农药使用量持续减少，农村生态环境得到明显改善。乡村建设行动取得明显成效，乡村面貌发生显著变化，乡村发展活力充分激发，乡村文明程度得到新提升，农村发展安全保障更加有力，农民的获得感、幸福感、安全感明显提高。

（四）农业农村现代化的实现路径

习近平总书记创新性地提出乡村振兴战略，把实现农业农村现代化作为实施乡村振兴战略的总目标，把农业农村优先发展作为实施乡村振兴战略的总方针，把产业兴旺、生态宜居、乡风文明、治理有效、生活富裕作为乡村振兴的总要求，明确了乡村振兴是实现农业农村现代化的路径选择。乡村振兴主要包括产业振兴、人才振兴、文化振兴、生态振兴、组织振兴，是乡村的全面振兴，是"五位一体"总体布局、"四个全面"战略布局在"三农"工作的体现。通过推进农村经济建设、政治建设、文化建设、社会建设、生态文明建设和党的建设，促进农业全面升级、农村全面进步、农民全面发展。

当前农业现代化、农村现代化都要开好局起好步。在农业现代化方面，着力构建现代农业生产体系、经营体系和产业体系，推进农业绿色发展。关键要实现农业科技现代化。现代化关键在科技、在人才。要重点解决种子和耕地两个要害问题，强化现代农业科技和物质装备支撑。在农村现代化方面，把乡村建设摆在社会主义现代化建设的重要位置，部署一批农村人居环境、基础设施和公共服务、农村消费、县域内城乡融合发展等方面的重点工程和行动。在农民现代化方面，要提升农民的文明素质，做到物质文明和精神文明两手抓，实现物质富裕和精神富足同步发展。

（五）农业农村现代化的工作方法

习近平总书记充分应用历史唯物主义和辩证唯物主义理论，提出农业农村现代化建设的工作方法。

一是坚持党的集中统一领导。习近平总书记指出，全面实施乡村振兴战略的深度、广度、难度都不亚于脱贫攻坚，要完善政策体系、工作体系、制度体系，以更有力的举措、汇聚更强大的力量，加快农业农村现代化步伐。各级党委和党组织必须加强领导，汇聚起全党上下、社会各方面的强大力量。把握好乡村振兴战略的政治方向，坚持农村土地集体所有制性质，发展新型集体经济，走共同富裕道路。充分发挥好乡村党组织的作用，把乡村党组织建设好，把领导班子建设强。创新乡村人才工作体制机制，充分激发乡村现有人才活力。

二是坚持实事求是的思想路线。因地制宜地走中国特色农业农村现代化道路。习近平总书记指出，在我们这样一个拥有 13 亿多人口的大国，实现乡村振兴是前无古人、后无来者的伟大创举，没有现成的、可照抄照搬的经验。突出抓好农民合作社和家庭农场两类农业经营主体发展，赋予双层经营体制新的内涵，不断提高农业经营效率。在实行自治和法治的同时，注重发挥好德治的作用，推动礼仪之邦、优秀传统文化和法治社会建设相辅相成。走城乡融合发展之路，健全多元投入保障机制，推动公共服务向农村延伸、社会事业向农村覆盖。

三是坚持遵循发展规律。坚持科学规划、注重质量、从容建设，一件事情接着一件事情办，一年接着一年干，切忌贪大求快、刮风搞运动，防止走弯路、翻烧饼。坚持尽力而为、量力而行，不能提脱离实际的目标，更不能搞形式主义和"形象工程"，确实让亿万农民有更多实实在在的获得感、幸福感、安全感。

四是坚持系统思维。习近平总书记指出，要坚持农业现代化和农村现代化一体设计、一并推进，实现农业大国向农业强国跨越。要统筹发展与安全，既要促发展更要保安全，用系统思维来思考谋划农业农村现代化工作。要增强风险意识，把粮食安全作为国之大者，把防止返贫作为巩固脱贫成果的底线任务，保障种业安全作为增强科技创新、自主可控的要害问题。要用好改革这个法宝，着力破解城乡二元结构难题，保持历史耐心，守好底线，确保农民利益不受损，土地集体所有制不垮掉，粮食生产能力不减弱，耕地数量不减少。

第三章
农业农村现代化的评价体系

加快推进农业农村现代化，必须要坚持问题导向、目标导向。建立科学全面的农业农村现代化指标体系，设置具体指标的量化标准和目标值，对农业农村现代化发展开展评价，可以掌握农业农村现代化的进度，推动解决农业农村现代化工作中的短板问题，为乡村振兴工作提供对照和遵循。

一、农业农村现代化的综合评价指标

（一）构建农业农村现代化评价指标的作用意义

一是客观反映阶段特征，有利于把握农业农村现代化发展规律。通过建立农业农村现代化指标体系，可以准确把握农业农村发展的阶段性特征，更好地把握农业农村现代化发展规律，确保农业农村现代化建设的目标和方向，为梯次推进农业农村现代化提供决策支撑。

二是提供国际比较基础，有利于拓展农业农村现代化国际视野。农业农村现代化实践必须建立在对一般规律充分认知的基础上，将一般共性与

本章执笔人：张斌、胡钰、王霞、王莉

自身特性相结合，有预见性和针对性地解决问题。因此，农业农村现代化既应该从国际视野看农业农村现代化，也应该保持中国自己发展的特色。充分考虑中国的国情、农情，构建可以进行国际比较的科学的指标体系，通过对比来寻找中国与其他国家存在的区别，清晰认识自身的不足，为农业农村现代化提供改进方向。

三是树立明确目标导向，有利于推进农业农村现代化行稳致远。在明确的目标导向下，对存在的主要短板集中力量，突破约束，重点发展，有利于提高农业农村现代化的效率。而且，实现农业农村现代化是一个长期的过程，坚持动态目标导向原则，对未来的发展指标进行规划，可以保证政策制定和实施的有效性、长期性和稳定性，为实现中国特色农业农村现代化保驾护航。

四是真实体现地区差异，有利于促进农业农村现代化区域协同。农业农村现代化的路径和模式存在明显的时空差异性，在推进过程中要充分考虑不同地区的经济发展水平、地理位置、自然资源禀赋等差距。通过构建指标体系可以测算出不同地区的现代化程度，并针对现代化水平较低的地区制定相应的帮扶机制，为缩小地区之间差距，最终实现共同富裕奠定基础。

（二）思路和原则

1. 总体思路

以习近平新时代中国特色社会主义思想为指导，立足新发展阶段，贯彻新发展理念，构建新发展格局，顺应开启全面建设社会主义现代化国家新征程、向第二个百年奋斗目标进军的新要求，围绕实现"强、美、富"和"高、宜、富"的目标，构建科学的农业农村现代化指标体系，为客观正确判断农业农村现代化所处的阶段、存在的短板、区域的差异提供基础，助力农业农村现代化，实现共同富裕。

2. 主要原则

对标国际前沿。现代化的核心是利用现代的科学技术全面改造国民生产物质条件和精神条件的过程，因此农业农村现代化的评价首先需要对标国际前沿，确保物质生产条件和生产力水平方面基本达到发达国家中等水平。其中，农业产业生产效率是基础，要依托现有的资源环境禀赋，充分利用现代科技，既能生产出满足本国居民需要的重要农产品，也能在国际市场中占有一席之地，通过国际贸易不断提升本国的农业生产质量和效益；农民富裕富足是根本，确保农民的收入水平达到发达国家农民收入的中等水平，实现城乡基本设施基本均衡，城乡公共服务基本均等。

体现中国特色。世界各国的现代化既有共性特征，也有差异性。美国农业地广人稀，以色列农业干旱缺水，不同发达国家的资源禀赋差造成了其现代化道路的差异。我国的农业农村现代化也必须基于本国实际，充分体现中国特色。必须坚持党的领导，这是实现现代化的根本保证；必须坚持共同富裕的现代化目标，这是社会主义的本质要求；必须坚持公有制，发展集体经济，这是实现现代化的根本方向；必须解决小农户分散经营，实现小农户与大市场有机衔接，这是实现现代化必须破解的突出问题；必须破解城乡二元结构，实现城乡基础设施统筹建设、城乡公共服务均等化，这是实现现代化必须破解的制度障碍。

突出时代特征。不同的历史时期具有不同的历史特征，农业农村必须坚持与时俱进，突出时代特征。当今世界正经历百年未有之大变局，新一轮科技革命和产业革命深入发展。我国农业农村现代化必须以新的科学技术为支撑，充分利用数字化、绿色化新技术，以实现生产力水平的迅速提升和生产关系的深刻变革。

保障粮食安全。不同于世界其他发达国家，我国人口基数大，比世界上现有的所有发达国家和地区的人口总量还多1亿，因此我国的农业农村现代化必须以本国资源环境为基础，依靠自身力量保障本国粮食安全。民为国基，谷为民命。粮食事关国运民生，粮食安全是国家安全的重要基础，必须牢牢把握"确保谷物基本自给、口粮绝对安全"的新粮食安全观，坚持以我国为主、立足国内、确保产能、适度进口、科技支撑的国家粮食安全战略，扎实做到"藏粮于地、藏粮于技"，走中国特色粮食安全之路和农业农村现代化之路。

（三）框架结构

农业农村现代化是物的现代化、人的现代化、治理体系和治理能力现代化三者的有机统一。目前，农业农村领域较为重要的指标体系大体上可以分为三类。第一，乡村振兴五个方面总体要求布局结构，即从产业兴旺、生态宜居、乡村文明、治理有效和生活富裕五个维度构建农业农村现代化评价指标体系，如《乡村振兴战略规划（2018-2022年）》按照5个方面要求提出了22项具体指标，其中，约束性指标3项、预期性指标19项。第二，现代化"五位一体"总体布局结构，即从经济、政治、社会、文化、生态五个维度构建农业农村现代化评价指标体系，如中国社会科学院提出的农村全面建成小康社会评价指标体系（经济发展、人民生活、社会发展、政治民主和农村环境五个方面的23个指标），以及乡村振兴发展评价指数（三级共40个指标）。第三，农业、农村、农民、城乡融合四个维度的布局结构，如苏州的农业农村现代化指标评价考核指标体系（2020~2022年），按照农业现代化、农村现代化、农民现代化、城乡融合发展四个维度，设定了38个县级考核指标和32个镇级考核指标。

贯彻落实习近平总书记关于农业农村现代化的重要论述和重要指示，基于农业农村现代化的概念内涵、基本特征和目标要求，借鉴《国家乡村振兴战略规划（2018-2022年）》《全国农业现代化规划（2016-2020年）》构建的指标体系，按照农业高质高效、乡村宜居宜业、农民富裕富足的目标要求，从农业、农村、农民三个维度构建综合评价指标体系，既符合我国"三农"事业发展的内在演进逻辑，也符合当前的工作实际。

农业高质高效，就是粮食安全有保障，农业产业有竞争力。国无农不稳，民无粮不安。保障粮食生产，是"三农"事业发展的首要任务，是国家安全的重要基础。习近平总书记反复强调，保障粮食安全对中国来说是永恒的课题，任何时候都不能放松；中国人要把饭碗端在自己手里，而且要装自己的粮食。保障粮食安全的重点在于提高农业竞争力。只有持续提升农业生产经营竞争力，广大农民才有务农种粮的积极性，地方政府才有重农抓粮的积极性，国家才有安全可靠的粮食供给。

乡村宜居宜业，就是乡村生态美、人文美，既守得住绿水青山，又留得住青年人才。习近平总书记指出，绿水青山就是金山银山，良好生态环境是农村最大优势和宝贵财富。建设生态宜居美丽乡村，必须尊重自然、顺应自然、保护自然，遵循乡村自身发展规律，充分体现农村特点，注意乡土味道，保留乡村风貌，让美丽风景变成美丽经济，让农村成为让人向往的美丽田园，让城市与乡村各美其美、美美与共。

农民富裕富足，就是农村居民物质生活富裕、精神生活富足。人民对美好生活的向往，就是我们的奋斗目标。实现好、维护好、发展好最广大人民的根本利益是我们一切工作的出发点和落脚点。习近平总书记指出，农业农村工作，说一千、道一万，增加农民收入是关键。促进农民富裕富足，既要"富口袋"，也要"富脑袋"。习近平总书记强调，实施乡村振兴战略要物质文明和精神文明一起抓，特别要注重提升农民精神风貌，实施乡村振兴战略不能光看农民口袋里票子有多少，更要看农民精神风貌怎么样。提升农民精神风貌，提高乡村社会文明程度，是全面建设社会主义现代化强国的思想保证和力量源泉。

新时期我国农业农村现代化的核心任务是推进城乡融合发展，要将城乡融合体现在农业现代化、农村现代化、农民现代化三个维度的方方面面。在具体指标及目标制度设定上，可依照"吃好住好，景美心美"这样通俗易懂、朗朗上口、方便判断的标准。"吃好住好"既是民生保障，也是现代化的基本特征，"景美心美"既是乡村外在特征，也是农民内在素质反映。其中，"吃好"是农业产业现代化发展的内在要求，不仅要让全国人民吃饱，更要让全国人民吃好，吃得安全、吃得健康；"住好"是新时期当前广大农民的重要需求，通过脱贫攻坚伟大实践，已经基本解决了住房安全问题，但是总体上，还有很多农民住的还不是很好，住房的防风、防雨、抗震等级还有待提升，乡村特色还不是非常明显；"景美"是乡村多元价值发挥的重要形式，山水田园、美丽村庄都是重要的乡村价值，要以打造美景为标准，推进乡村生产生活环境的全面改善；"心美"是社会主义精神文明风貌的重要体现，是社会主义和谐社会的重要表征，也是社会主义中国的基本特征。

（四）备选指标

充分借鉴已有研究，对现有文献和规划中评价指标进行分类汇总，表3-1列出了已有研究和规划中农业、农村、农民三个方面的发展评价内容和相应的具体指标，这为进一步构建农业农村现代化评价指标体系提供了研究基础和依据。

表 3-1　已有研究和规划中"三农"方面的评价内容和具体指标

一级指标	评价内容	具体指标
农业发展	农业效益水平	1. 粮食生产能力；2. 农业劳动生产率；3. 重要农产品保障程度；4. 土地产出率；5. 农业相对劳动生产率；6. 农业比较劳动生产率
	农业产业体系	1. 养殖业产值占农业总产值比重；2. 农林牧渔服务业占农林牧渔产值比重；3. 农产品加工业与农业总产值之比；4. 休闲农业等新产业新业态产值占比；5. 农业及相关产业产值与国内生产总值比；6. 农业数字经济与农业增加值比
	农业生产体系	1. 农作物耕种收综合机械化率；2. 高标准农田占比；3. 农业科技进步贡献率；4. 耕地质量等级；5. 有效灌溉面积占比；6. 农产品供应链完善程度；7. 农业信息化率
	农业经营体系	1. 农民加入合作社的比重；2. 农业专业化社会化服务小农户比例
	农业绿色发展	1. 农业碳排放总量；2. 畜禽、秸秆、农膜等农业废弃物综合利用率；3. 畜禽粪污综合利用率；4. 畜禽养殖规模化率；5. 万元农业GDP耗水量
	国家支持保护	1. 农业保险深度；2. 农林水事务支出占农林牧渔业增加值的比重；3. 单位农林牧渔业增加值的农业贷款投入
农村发展	生态宜居	1. 农村卫生厕所普及率；2. 农村生活污水治理率；3. 村庄绿化率；4. 农村清洁能源消费占比；5. 农村生活垃圾资源化利用率
	治理有效	1. 集体经济强村比重；2. 农村党员占农业人口的比例；3. 农村网上政务服务覆盖率
	设施齐全	1. 较大人口规模自然村（组）通硬化路比例；2. 农村互联网普及率；3. 农村自来水普及率

一级指标	评价内容	具体指标
农村发展	服务便利	1. 农村普惠性幼儿园覆盖率；2. 农村义务教育学校专任教师本科以上学历比例；3. 乡村医生中执业（助理）医师比例；4. 乡镇（街道）范围具备综合功能的养老服务机构覆盖率
	文化繁荣	1. 农村风貌协调度；2. 县级及以上文明村占比；3. 文明乡风传承；4. 历史文化（传统）村落保护利用完成率
农民发展	物质富裕	1. 农村居民人均可支配收入；2. 农村居民基尼系数；3. 农村居民恩格尔系数；4. 农村居民人均肉蛋奶消费支出
	生活耐用品	1. 农村居民每百户年末家用汽车拥有量；2. 农村居民每百户年末冰箱拥有量；3. 农村居民每百户年末洗衣机拥有量
	精神富足	1. 农村居民人均预期寿命；2. 农村居民健康素养水平；3. 农村居民医疗保健支出占消费性支出比例；4. 农村居民人均教育文化娱乐支出比例
	城乡融合	1. 城乡居民可支配收入比；2. 城镇常住人口比重
	思想和法治素养	1. 农村党员占农业人口的比例；2. 村委会成员中女性占比；3. 乡村文明家庭户占比；4. 农村村委会依法自治达标率；5. 乡村刑事案件发生率；6. 平均每村本年度发生的、无法在村内调解解决的纠纷数

资料来源：根据相关文献资料整理。

（五）指标体系

基于上述分析，从农业现代化、农村现代化、农民现代化 3 个维度构建农业农村现代化综合指标体系，涵盖 14 个二级指标、32 个三级指标以及 37 个具体指标（见表 3-2）。

农业现代化涵盖发展保障、支持水平、效益水平、产业体系、生产体系、经营体系和绿色发展 7 个二级指标以及 16 个三级指标；农村现代化涵盖生态宜居、乡风文明、治理有效 3 个二级指标以及 7 个三级指标；农民现代化涵盖物质富裕、精神富足、平等权益、城乡融合 4 个二级指标以及 9 个三级指标。对每个三级指标，根据认可度、数据可得性，选取了具体指标，并计算了 2020 年的基期值。少量综合性指标，需要通过现有统计指标赋权后综合测算，还有个别指标目前还缺乏相应统计和计算值。

表 3-2　农业、农村、农民现代化的综合评价指标

一级指标	二级指标	三级指标	序号	具体指标	单位	基期值
农业强（农业现代化）	发展保障	粮食安全	1	粮食综合生产能力	亿吨	6.69
		食物保障	2	畜禽水产总产量	亿吨	—
	支持水平	财政支持	3	农林水事务支出占农林牧渔业增加值的比重	%	29.50
		金融支持	4	单位农林牧渔业增加值的农业贷款投入	元	0.58
	效益水平	农业劳动效率	5	农业劳动生产率与全社会劳动生产率比	%	28.14
		土地产出效率	6	土地产出率	万元/公顷	9.19
	产业体系	农业全产业发展	7	农业及相关产业产值与国内生产总值比	%	—
		农业加工业发展	8	农产品加工产值与农业总产值比	%	2.40
		农业服务业发展	9	农林牧渔业服务业与农林牧渔总产值比	%	5.23
		数字农业发展	10	农业数字经济与农业增加值比	%	7.30
	生产体系	农田质量水平	11	高标准农田建设面积占比	%	31.60
		机械化水平	12	农作物耕种收综合机械化率	%	71.00
		科技进步水平	13	农业科技进步贡献率	%	60.70
	经营体系	生产经营规模化水平组织化程度	14	土地规模经营适宜水平	%	—
			15	农民加入合作社的比重	%	65.00
			16	农业社会化服务小农户比例	%	40.00
	绿色发展	农业碳排放	17	农业碳排放总量	亿吨	—
		农业废弃物综合利用	18	畜禽、秸秆、农膜等农业废弃物综合利用率	%	80.00

续表

一级指标	二级指标	三级指标	序号	具体指标	单位	基期值
农村美（农村现代化）	生态宜居	人居环境	19	农村卫生厕所普及率	%	68.00
			20	农村生活污水处理率	%	25.50
		基础设施便利	21	较大人口规模自然村（组）通硬化路比例	%	81.00
			22	农村自来水普及率	%	83.00
			23	农村互联网普及率	%	55.90
		能源减排	24	农村清洁能源消费占比	%	21.80
	乡风文明	文明水平	25	县级及以上文明村占比	%	53.00
	治理有效	集体经济	26	集体经济强村比重	%	8.00
		基层组织	27	村内党员数量占比	%	5.10
		治理能力	28	村"两委"班子成员大专以上学历比例	%	—
农民富（农民现代化）	物质富裕	收入水平	29	农村居民人均可支配收入增速	%	6.90
		消费结构	30	农村居民恩格尔系数	%	30.20
	精神富足	健康水平	31	农村居民人均预期寿命	年	77.30
		教育水平	32	农村居民平均受教育年限	年	—
	平等权益	女性发展	33	村民委员会成员中女性占比	%	24.00
		城乡公共服务差距	34	城镇居民与农村居民低保水平、医保水平比	—	—
	城乡融合	城乡收入差距	35	城乡居民可支配收入比	—	2.56
		农村居民内部收入差异程度	36	农村居民基尼系数	—	—
		城镇化率	37	城镇常住人口比重	%	60.60

二、现代化的绿色考量

随着社会的向前发展，人们不仅注意经济发展，而且越来越关注生态环境和生活质量。农业农村现代化也超越农业自身，与诸多全球性重要议题密切联系在一起，如资源可持续性、生态环境、卫生健康、贫富均衡、幸福感等。在目前的农业农村评价指标中，产量、面积、投入等传统指标运用较多，方法成熟，数据翔实，绿色发展等方面的指标相对较弱。

（一）农业农村现代化对于绿色化的时代要求

1. 后现代农业思潮

在现代化研究中，学者提出了"后现代化""第二次现代化"等不同理论，这些理论从不同的角度论证了现代化的变迁方向，即在完全工业化的弊端显现后，逐渐向生态化、信息化等多元方向转型。如图 3-1 所示，发达国家在第一次现代化过程中，环境污染严重，环境压力和生态成本上升，随即在接下来的现代化过程，采用生态现代化原理，进行现代化的生态转型，治理污染和保护环境，采用绿色发展模式，环境压力和生态成本下降（何传启，2010）。在吸取了发达国家先污染后治理的沉痛经验后，能够有效减少发展中国家在实现现代化的进程中生态成本。后现代化理论的不断革新，是对发展中国家走现代化发展道路的高效指引。

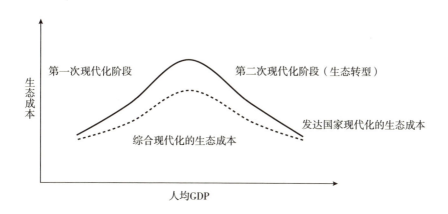

图 3-1　发展中国家现代化进程中的生态成本

农业现代化的发展进程同样也经历了后现代化的思潮。当前，农业问题早已经超越农业自身，与诸多全球性重要议题密切联系在一起，如健康和医疗、贫富不均与食物分配、全球气候变化、资源与环境可持续性等。现代农业的弊端引发对农业现代化的重新认识，在现代农业体系内部的自我转型中，一系列新型农业理念和实践模式也应运而生。对现代农业弊端的反思以及相应形成的新的农业发展理念可以统称为后现代农业思潮。可以看到，无论农业现代化理论如何动态变化，高产和高效都是其核心内在。新的农业现代化理论更加强调绿色的、环境友好的资源利用以及食品安全，是对发达国家现代农业发展教训以及单纯学习发达国家高产农业模式所产生的不良后果进行总结的结果。农业绿色化在后现代农业的思潮中登上历史舞台，成为推进农业农村现代化的有效助力。

2. 绿色化是农业农村现代化可持续发展的根本保障

农业农村现代化与城镇化、工业化密切相关，互为依托，互相促进。在坚持绿色化的前提下，农业现代化促使过去传统农业种植模式升级，向二三产业转移，既优化了农村人地关系，减少农村剩余劳动力，也为农业大规模经营、标准化生产提供了重要物质基础、技术装备和土地保障。绿色发展为农业现代化的发展提供了不竭动力，使各类优势资源集聚农村，长远来看，为农业科技的创新、农业技术的研发和推广打下良好的物质基础，提供广阔的发展平台，促进集约农业、高效农业、园区农业、有机农业的兴起和发展，稳步推进农业现代化的进程。

农业农村现代化绿色发展是破解水土资源约束难题，实现农业资源节约型、环境友好型发展模式的根本途径。合理地开发利用农业资源，不断革新农业生产技术，坚持创新农业生产理念，努力改善农业生产管理模式，持续推进循环农业、生态农业发展，不断减小对环境的影响和破坏。通过农业生产的生态化、制度化、高效化，促进农业与农村的可持续发展。在印度等国家，由于在农业现代化发展过程中，没有意识到绿色农业的基础性地位，导致农业水平衰退、生态环境受到严重污染等现实问题。这些实例有力证明了加快绿色发展对提升农业现代化水平的关键性作用，绿色发展会带来农业资源的增值，能够降低农业生产活动中的资源成本，减少发展代价，并且通过提高农业机械化水平和农业生产效率，从而加快农业现代化进程。

3. 中国特色的绿色化探索

我国农业人口多、耕地资源少、水资源紧缺、工业化城镇化水平不高的国情，决定了发展现代农业既不能照搬美国、加拿大等大规模经营、大机械作业的模式，也不能采取日本、韩国等依靠高补贴来维持小规模农户高收入和农产品高价格的做法，而必须探索一条具有中国特色的现代农业发展之路。

早在 20 世纪 80 年代初期，中央就提出了推进农业绿色化发展的重要理念和政策导向。1982 年中央一号文件提出，中国农业发展要广泛借助现代科学技术的成果，走投资省、耗能低、效益高和有利于保护生态环境的道路。此后，历年中央一号文件都对农业绿色化、生态化发展提出了明确的目标要求和政策规定。2007 年中央一号文件明确了以开发农业生态保护、观光休闲、文化传承等功能，健全发展现代农业的产业体系。2016年中央一号文件《关于落实发展新理念加快农业现代化实现全面小康目标的若干意见》指出，在资源环境约束趋紧背景下，如何加快转变农业发展方式，确保粮食等重要农产品有效供给，实现绿色发展和资源永续利用，是必须破解的现实难题，并提出走产出高效、产品安全、资源节约、环境友好的农业现代化道路。总体来看，中国农业农村现代化发展进程中，绿色化推进主要可以划分为以下四个阶段：

第一阶段（1979~1985 年），主要是引入生态农业的理念，更多的是内生性地进行中国传统农业反思，与中国原创的农耕文明相结合，在一些地方开展小规模试验。

第二阶段（1986~2011 年），政府开始了推进农业绿色化发展的试点探索行动，从建立生态村、生态农场，到建立国家级生态农业试点县、省级生态农业示范县等。

第三阶段（2012~2017 年），推进农业农村绿色化发展上升到国家意志和战略行动。2012 年，党的十八大提出经济建设、政治建设、文化建设、社会建设、生态文明建设"五位一体"的中国特色社会主义事业总体布局和战略部署；2013 年，党的十八届三中全会提出"加快生态文明制度建设"。此后，国家关于农业生态文明建设、农业"一控两减三基本"目标、农业面源污染防治和农业生态治理、农业可持续发展规划、乡村振兴等的政策文件陆续颁布、战略部署陆续展开。

第四阶段（2018 年至今），农业农村绿色化发展从单向政策行动转向市场经济价值实现探索，体现出生态文明从制度要求深化为市场经济供给侧结构性改革的重要指导。党的十九大报告指出，中国特色社会主义进入新时代，中国社会的主要矛盾已经转化为人民日益增长的美好生活需要和不平衡不充分的发展之间的矛盾。由此，中国农业现代化发展的绿色化转型路线基本形成，树立"绿水青山就是金山银山""生态就是资源，生态就是生产力"的牢固理念。2020 年，中共中央办公厅、国务院办公厅印发了《关于建立健全生态产品价值实现机制的意见》，从制度层面破解绿水青山转化为金山银山的瓶颈制约，将"两山"理论落实到实践操作层面，引导和倒逼形成绿色发展方式、生产方式和生活方式。

无论是在农业农村现代化发展进程中，还是我国经济发展的政策体系中，"绿色"的出现频率越来越高，每一次提出，都更加掷地有声。2015 年 10 月 29 日，习近平总书记在党的十八届五中全会第二次全体会议上的讲话鲜明提出了创新、协调、绿色、开放、共享的发展理念。2016 年 3 月 24 日召开的中共中央政治局会议上，提出了在"四化同步"的理念中新加入"绿色化"，标志着国家治理现代化战略从"四化同步"到"五化协同"的历史性转变。农业现代化绿色发展的核心还是发展，这个硬道理没有变，同时，发展路径要调整，要转向绿色化发展轨道，为推进农业现代化建设奠定坚实的基础。

（二）农业农村现代化发展中的绿色成效

近年来，我国将绿色化作为推进实现农业农村现代化的重要路径，并出台"一控两减三基本"等系列相关政策和实际措施，绿色兴农格局初步显现。

1. 农业资源保护与节约利用

在农业高效节水方面。我国农业节水灌溉不断提速，告别传统的大水漫灌，由"浇地"转向"浇作物"，农业生产方式因水而变，在保障国家粮食安全的同时，农业用水量呈现下降趋势。2019年全国农田灌溉用水量为3682.3亿立方米，比2013年减少239.22亿立方米，农田灌溉水有效利用系数达0.559，比2012年提升了0.043。

在耕地资源保育方面。大规模开展高标准农田建设，2020年已完成8亿亩旱涝保收、高产稳产的高标准农田建设任务，农业抗灾减灾能力显著增强，亩均粮食产能提高约100公斤。实施耕地地力保护与提升行动，加强东北黑土地保护利用，启动退化耕地治理，2019年全国耕地平均等级达到4.76，较2014年提升0.35个等级。

2. 农业产地环境保护与治理

紧紧围绕"化肥农药两减"目标，有机肥替代化肥、测土配方施肥、绿色防控等工作持续推进，有效提高化肥、农药利用效率。通过一系列减量行动，2016~2019年，农药、化肥使用量连续4年保持负增长。2019年，我国化肥总施用量为5403.6万吨，比2015年减少619万吨，减幅为10.3%，提前3年完成到2020年实现化肥施用量零增长的目标。全国单位播种面积化肥施用量27公斤/亩，较2015年减少1.35公斤/亩。2020年，三大粮食作物化肥利用率达40.2%，比2015年提高5个百分点。2019年全国农药使用量139.2万吨，较2015年减少39.1万吨。2020年，全国水稻、玉米、小麦三大粮食作物农药利用率为40.6%，比2015年提高4个百分点；全国专业化统防统治覆盖率达41.9%，比2015年提高8.9个百分点；绿色防控面积近10亿亩，主要农作物病虫绿色防控覆盖率41.5%，比2015年提高18.5个百分点。

3. 农业废弃物资源化利用

在秸秆资源化利用方面。积极推进农作物秸秆综合利用，以肥料化、饲料化、能源化利用为主攻方向，有效解决秸秆出路问题。2020年，全国秸秆综合利用率达86.72%，较2015年提高6.61个百分点，"五料化"

综合利用格局基本形成。其中，上海、湖北、山东、安徽、河南、江西和四川等省份综合利用率超过90%。

在畜禽粪污资源化利用方面。通过实施畜禽粪污资源化利用整县推进、果菜茶有机肥替代化肥等行动项目，从源头减量、过程控制、末端利用三个环节提高粪污资源化利用水平。2020年，全国畜禽粪污综合利用率达75%以上，规模养殖场粪污处理设施装备配套率达93%。

4. 绿色优质农产品供给

近年来，我国全面实施"质量兴农、绿色兴农、品牌强农"战略，构建以"安全标、绿色标、优质标、营养标"为梯次的标准体系，推进绿色食品、有机农产品、地理标志农产品认证和管理，打造地方知名农产品品牌，增加优质绿色农产品供给。截至2020年底，全国绿色食品、有机农产品和地理标志农产品总数达5.05万个，较"十二五"末期增加72%。其中，绿色食品42739个，有机农产品4466个，地理标志农产品3268个。

5. 农村人居环境改善

农村厕所革命取得明显进展，全国农村卫生厕所普及率达68%以上，2018年以来累计改造农村户厕4000万户。农村生活污水乱排乱放现象基本得到管控，农村黑臭水体排查识别基本完成，全国农村生活污水治理率达25.5%。农村生活垃圾治理基本实现全覆盖，全国农村生活垃圾进行收运处理的行政村比例超过90%，排查出的2.4万个非正规垃圾堆放点整治基本完成，村庄保洁制度基本建立，平均每个自然村有1名保洁员。农村脏乱差局面得到扭转，全国95%的行政村通过"三清一改"，即清理农村生活垃圾、清理村内塘沟、清理畜禽养殖粪污等农业生产废弃物、改变影响农村人居环境的不良习惯等，从普遍脏乱差转变为干净整洁有序。

（三）农业农村绿色指标现状

通过梳理《中华人民共和国国民经济和社会发展第十四个五年规划

和二〇三五年远景目标纲要》（以下简称《"十四五"规划》）、《关于创新体制机制推进农业绿色发展的意见》、《全国农业可持续发展规划（2015-2030 年）》、《国家乡村振兴战略规划（2018-2022 年）》、《绿色发展指标体系》以及一些地方实践中的重要政策文件，提取其中关于农业绿色发展的相关指标，如表 3-3 所示。目前我国关于农业农村绿色发展的主要指标包括农业资源、农业环境、农业资源化利用、农业绿色供给以及农村绿色生活 5 部分。

表 3-3　现有农业农村绿色发展指标梳理

一级指标	序号	二级指标	计量单位	现状值或基准值	指标类型
农业资源	1	单位 GDP 二氧化碳排放降低	%	—	约束性
	2	单位 GDP 能耗降低	%	—	约束性
	3	万元 GDP 用水量下降	%	—	约束性
	4	节水灌溉面积比例	%	—	预期性
	5	农田灌溉水有效利用系数	—	0.559（2019 年）	预期性
	6	全国耕地质量等级	—	4.76（2017 年）	预期性
	7	高标准农田面积比重	%	—	预期性
	8	森林覆盖率	%	23.04	约束性
农业环境	9	测土配方施肥覆盖率	%	90.00（2020 年目标值）	预期性
	10	化肥利用率	%	40.20	预期性
	11	农药利用率	%	40.60	预期性
	12	化肥施用强度	公斤/亩	21.71	预期性
	13	主要农作物病虫害绿色防控覆盖率	%	41.50	预期性
	14	农药使用强度	公斤/亩	0.56	预期性
	15	COD 排放量	万吨	1067.13（2017 年）	约束性
	16	氨氮污染物排放量	万吨	21.62（2017 年）	约束性
	17	总氮排放量	万吨	141.49（2017 年）	预期性
	18	总磷排放量	万吨	21.2（2017 年）	预期性

一级指标	序号	二级指标	计量单位	现状值或基准值	指标类型
农业资源化利用	19	废旧农膜回收率	%	80.00	预期性
	20	秸秆综合利用率	%	86.72	预期性
	21	畜禽粪污综合利用率	%	75.00	预期性
	22	规模养殖场粪便资源化利用设施配套率	%	95.00（2020年目标值）	预期性
农业绿色供给	23	绿色食品原料标准化生产基地种植面积	亿亩	2.00（2020年目标值）	预期性
	24	绿色、有机、地理标志农产品认证数量	万个	5.05	预期性
	25	绿色优质农产品比率	%	—	预期性
	26	绿色食品年销售额	亿元	6000.00（2020年目标值）	预期性
农村绿色生活	27	无害化农村卫生厕所普及率	%	68.00	预期性
	28	生活垃圾进行处理的村占比	%	90.00	预期性
	29	农村生活污水处理率	%	25.50	预期性

1. 农业资源指标分析

现有的农业资源类指标主要集中在能耗、用水、耕地这些方面。能耗指标主要体现在单位 GDP 二氧化碳排放降低、单位 GDP 能耗降低这两个指标，这两个指标均来自《"十四五"规划》，并且提出了明确的约束性要求，单位国内生产总值能源消耗和二氧化碳排放分别降低 13.5% 和18%。在农业用水指标方面，万元 GDP 用水量下降来自《"十四五"规划》，明确提出单位 GDP 用水量下降 16% 左右；农田灌溉水有效利用系数指标来自《关于创新体制机制推进农业绿色发展的意见》，提出到 2020年农田灌溉水有效利用系数提高到 0.55 以上；节水灌溉面积比例来自《中国农业绿色发展报告》。在耕地指标方面，全国耕地质量等级指标来自《关于创新体制机制推进农业绿色发展的意见》，到 2020 年全国耕地质量平均比 2015 年提高 0.5 个等级；高标准农田面积比重指标来自浙江省农业绿色发展指标体系评价办法，同时，《"十四五"规划》明确提出建成 10.75 亿亩集中连片高标准农田的任务要求。森林覆盖率指标来自《"十四五"规划》，也提出了明确的约束性要求为森林覆盖率提高到 24.1%。

2. 农业环境指标分析

农业环境主要包括产地环境和污染排放两方面。其中，产地环境指标主要集中在化学投入品用量下降，涉及化肥投入的指标主要包括测土配方施肥覆盖率、化肥利用率、化肥施用强度。涉及农药投入的指标主要包括主要农作物病虫害绿色防控覆盖率、农药利用率、农药使用强度。可以看出，考核分别从减施、增效、工程建设这三个维度展开。《关于创新体制机制推进农业绿色发展的意见》提出，到 2020 年主要农作物化肥、农药使用量实现零增长，化肥、农药利用率达 40%。

在农业源污染排放方面，"十二五"规划首次将农业 COD 和氨氮的排放量纳入考核统计指标体系中。2020 年，正式发布了全国第二次污染普查结果，其中包括了农业的 COD、氨氮、总氮和总磷等污染物的排放量。《"十四五"规划》对全国污染排放提出了约束性指标要求，COD 和氨氮排放总量分别下降 8%。

3. 农业资源化利用指标分析

农业资源化利用主要包括农膜、秸秆、畜禽粪污，考核指标以利用率和设施配套为主。《关于创新体制机制推进农业绿色发展的意见》提出，到 2020 年秸秆综合利用率达 85%，养殖废弃物综合利用率达 75%，农膜回收率达 80%。《国务院办公厅关于加快推进畜禽养殖废弃物资源化利用的意见》提出，到 2020 年规模养殖场粪污处理设施装备配套率达 95%以上。

4. 农业绿色供给指标分析

《"十四五"规划》对农业绿色供给提出了预期性要求，完善绿色农业标准体系，加强绿色食品、有机农产品和地理标志农产品认证管理。强化全过程农产品质量安全监管，健全追溯体系。建设现代农业产业园区和农业现代化示范区。指出农产品质量安全水平和品牌农产品占比明显提升，休闲农业和乡村旅游加快发展。到2030年，农产品供给更加优质安全，农业生态服务能力进一步提高。根据农业农村部绿色发展中心年鉴指标，筛选了绿色食品原料标准化生产基地种植面积，绿色、有机、地理标志农产品认证数量，绿色食品年销售额三个指标。

5. 农村绿色生活指标分析

生活垃圾进行处理的村占比指标来自《乡村振兴战略规划（2018-2022年）》，提出到2020年和2022年该指标分别达90%和大于90%。农村生活污水处理率指标来自《农业绿色发展评价指标体系》，2020年全国农村生活污水处理率达25.5%。农村卫生厕所普及率指标来自《乡村振兴战略规划（2018-2022年）》，提出到2020年和2022年农村卫生厕所普及率要分别达85%和大于85%。

（四）农业农村现代化指标体系中的绿色指标选择建议

通过梳理分析现有农业农村绿色指标，以实现农业高质高效、农村宜居宜业、农民富裕富足为目标，筛选了相关指标，形成以下指标选择建议。

1. 农业资源指标

2020年9月22日，习近平总书记在第七十五届联合国大会一般性辩论上郑重宣布，二氧化碳排放力争2030年前达到峰值，努力争取2060年前实现碳中和。实现这一承诺，需要全社会的共同努力。据估算，我国农业的碳排放贡献约占全球农业碳排放的20%，但一直没有设立降低农业能耗和碳排放的指标。建议设立"单位农业产值能耗"以及"单位农业产值二氧化碳排放"指标。农业高效节水、耕地资源保育是实现农业高质高效的必要保障，建议采用农业万元GDP用水量、高标准农田面积比重。指标具体说明如表3-4所示。

表 3-4　农业资源指标建议

一级指标	二级指标	计算说明	单位	指标类型
农业资源	单位农业 GDP 二氧化碳排放	单位农业 GDP 二氧化碳排放＝农业碳排放量/农业生产总值	公斤/万元	约束性
	单位农业 GDP 能耗	单位农业 GDP 能耗＝农业能源消费总量/农业生产总值	吨标准煤/万元	约束性
	农业万元 GDP 用水量	农业万元 GDP 用水量＝农业总用水量/农业生产总值	立方米/万元	约束性
	高标准农田面积比重	高标准农田面积比重＝高标准农田面积/永久基本农田×100%	%	约束性
	森林覆盖率	森林覆盖率＝森林面积/土地总面积×100%	%	约束性

2. 农业环境指标

我国农业资源环境受外源性污染和内源性污染的双重影响，日益成为农业现代化发展的瓶颈约束。因此产地环境的化学品投入使用情况应纳入指标体系。现代化农业以高效为核心，同时考虑到不同区域的地力、气候条件差异，建议以利用率为考核，设定化肥利用率、农药利用率两项指标。

3. 农业资源化利用指标

资源化利用水平是农业绿色化的最基本考核形式，农业资源化利用主要包括农膜、秸秆、畜禽粪污，在现代化进程中，以资源化利用结果为考核更能体现现代化水平，因此建议设定秸秆综合利用率、畜禽养殖粪污综合利用率、农膜回收利用率为考核指标。指标具体说明如表 3-5 所示。

表 3-5　农业资源化利用指标建议

一级指标	二级指标	计算说明	单位	指标类型
农业资源化利用	农膜回收利用率	农膜回收利用率＝回收利用农膜量/农膜使用总量×100%	%	预期性
	秸秆综合利用率	秸秆综合利用率＝秸秆综合利用量/秸秆可收集资源量×100%	%	预期性
	畜禽养殖粪污综合利用率	畜禽养殖粪污综合利用率＝综合利用的畜禽粪污量/畜禽粪污产生总量×100%	%	预期性

4. 农业绿色供给指标

高质量发展是农业现代化的重要体现，绿色优质农产品比率能在一定程度上反映高质量农产品生产情况。产品种类包括种植业、水产养殖业以及畜禽业，绿色优质的标准为绿色食品、有机农产品以及地理标志农产品。指标具体说明如表3-6所示。

表3-6 农业绿色供给指标建议

一级指标	二级指标	计算说明	单位	指标类型
农业绿色供给	绿色优质农产品比率	种植业绿色优质农产品比率＝（绿色食品种植面积+有机农产品种植面积+地理标志农产品种植面积）/主要食用农产品种植面积×100%； 水产养殖业绿色优质农产品比率＝（绿色食品养殖面积+有机农产品养殖面积+地理标志农产品养殖面积）/主要食用水产品养殖面积×100%； 畜禽业绿色优质农产品比率＝（绿色食品头/只数+有机农产品头/只数+地理标志农产品头/只数）/主要畜禽头/只数×100%，畜禽业分开单独计算； 绿色优质农产品比率＝种植业比率×权重1+水产养殖业比率×权重2+畜禽业比率×权重3 权重1、权重2、权重3根据当地种养殖业产值比例进行确定	%	预期性

5. 农村绿色生活指标

农村人居环境不仅是农村宜居的重要指征，也是农民群众获得感和幸福感的重要来源。现代化的农业农村对农村生活环境提出了更高的要求，重点以无害化农村卫生厕所普及率以及农村生活垃圾分类处理率来进行衡量。充分考虑数据可获得性，得出具体指标如表3-7所示。

表3-7 农村绿色生活指标建议

一级指标	二级指标	计算说明	单位	指标类型
农村绿色生活	无害化农村卫生厕所普及率	无害化农村卫生厕所普及率＝使用无害化卫生厕所的农户数/农户总户数×100%	%	预期性
	农村生活垃圾分类处理率	农村生活垃圾分类处理率＝农村生活垃圾分类处理的行政村数量/行政村总数×100%	%	预期性

三、现代化的数字特征

当今世界，网络信息技术日新月异，数字技术与实体经济深度融合，为加快传统产业数字化和智能化、拓展经济发展新空间和驱动世界经济可持续增长提供了强劲的引擎。发展数字经济、推动经济社会转型、培育经济增长新动能逐渐成为全球共识。中国农业农村数字化发展起步较晚，但发展较快，也要逐步纳入现代化评价。

（一）数字农业农村的发展现状

新中国成立后，农业生产主要为工业生产提供原材料，解决温饱。农业生产处于自给自足和计划经济配给的初级状态，农业信息化意识薄弱，以广播、报纸、喇叭等传统媒体的农情传达和信息统计报送为主，形式相对单一，影响的范围和成效有限，在农业统筹管理和服务领域较少涉及。

改革开放以后，随着国外先进理念特别是遥感技术的引进应用，首开我国农业信息化先河。国家批准实施星火计划，启动开发初级的农业信息系统。农业信息化正式纳入国家相关专项规划和计划体系，农业信息化的理念、手段、模式以及政策举措极大提升，五级农业信息化管理工作机构基本建立，农业信息化数据库、模型、决策支持系统、农业专家系统等不断健全完善，信息化在农业生产和经营领域发挥了重要作用。

进入 21 世纪后，信息化得到前所未有的高度关注。2005 年中央一号文件首提"加强农业信息化建设"，此后历年中央一号文件均围绕加强农业信息化基础设施建设、用信息技术装备农业、加快农业信息服务、农业信息技术研发、提升信息服务能力等方面进行全面部署。同时，《全国农业和农村信息化建设总体框架（2007-2015）》等各类规划相继高位统领，为农业信息化发展构建顶层制度框架。

自党的十八大以来，"互联网+"、物联网、云计算等现代信息技术快速发展，农业农村进入数字化，呈现网络化、综合化、全程化的特点。信息技术与农业科技的结合，使农产品的生产方式大大改进，农业生产经营水平不断提高，农业农村数字化向农业生产、经营、管理和服务等各个领域渗透。2020年在全球疫情防控背景下，农业农村数字化在农事春耕、农业营销和管理服务等领域展现出极强生命力，逐步形成了中国特色社会主义农业发展模式，为全面实现脱贫攻坚和建设小康社会提供了重要保障。

数字农业农村建设扎实推进，取得了长足进步，但是依然存在明显不足。

一是整体发展水平还比较低。目前农业农村信息化仍处于起步阶段，基础差、底子薄、弱质性特征明显。经综合测算，2019年全国数字农业农村发展总体水平达36.0%。

二是发展区域不平衡。地方数字乡村发展水平南北差异不大，但存在明显的东西区域差异，呈现"东部集中发展、中部次之、东北和西部发展滞后"的现象。数字农业农村发展水平，东部地区为41.3%，中部地区为36.8%，西部地区为31.0%。从省份来看，数字乡村指数均值排名前五的省份分别为：浙江、江苏、河南、福建和江西。数字乡村指数排名百强县在东部地区、中部地区、西部地区和东北地区的分布比例分别为70%、24%、5%和1%。

三是发展结构不均衡。乡村数字基础设施发展相对较快，乡村经济数字化和乡村治理数字化发展相对较慢。目前，乡村数字基础设施指数整体进入较高水平发展阶段，而乡村生活数字化指数、乡村治理数字化指数和乡村经济数字化指数均刚跨过中等发展水平门槛。在脱贫攻坚战中，贫困县建设得到高度重视，乡村数字基础设施、生活数字化和乡村经济数字化取得明显提升，但是广泛的乡村基层，数字化发展相对缓慢，特别是在治理数字化方面较为落后。

（二）数字农业农村的发展指标

《中共中央、国务院关于实施乡村振兴战略的意见》《乡村振兴战略规划（2018-2022年）》《国家信息化发展战略纲要》《数字乡村发展战略纲要》《数字农业农村发展规划（2019-2025）》等系列中央文件对有关数字乡村建设的总体要求、重点任务和具体措施均予以明确。到2025年，数字农业农村建设取得重要进展，有力支撑数字乡村战略实施。农业农村数据采集体系建立健全，天空地一体化观测网络、农业农村基础数据资源体系、农业农村云平台基本建成。数字技术与农业产业体系、生产体系、经营体系加快融合，农业生产经营数字化转型取得明显进展，管理服务数字化水平明显提升，农业数字经济比重大幅提升，乡村数字治理体系日趋完善。

2021年中央一号文件对数字技术推进乡村振兴和加快农业农村现代化作出了具体部署，明确提出"实施数字乡村建设发展工程"。报告指出，实施数字乡村建设发展工程。推动农村千兆光网、第五代移动通信（5G）、移动物联网与城市同步规划建设。完善电信普遍服务补偿机制，支持农村及偏远地区信息通信基础设施建设。加快建设农业农村遥感卫星等天基设施。发展智慧农业，建立农业农村大数据体系，推动新一代信息技术与农业生产经营深度融合。完善农业气象综合监测网络，提升农业气象灾害防范能力。加强乡村公共服务、社会治理等数字化智能化建设。

目前国内关于数字农业农村评价工作刚开始起步，仅有2家单位进行了系统的评价测算研究（见表3-8）。第一，农业农村部信息中心在2019年组织开展了首次全国县域数字农业农村发展水平评价工作。确定了发展环境、基础支撑、生产信息化、经营信息化、乡村治理信息化及服务信息化6个一级指标、15个二级指标和20个三级指标。第二，北京大学新农村发展研究院联合阿里研究院在第八届中国淘宝村高峰论坛"县域数字化"主论坛上发布《县域数字乡村指数（2018）》。该报告以县域为基本单元，从乡村数字基础设施、乡村经济数字化、乡村治理数字化、乡村生活数字化四个方面具体界定了数字乡村内涵和外延，构建了县域数字乡村指标体系。这里根据中国农业农村的特点，借鉴已有研究，提出评价数字农业农村的具体方案。

表3-8 数字农业农村的发展指标

指标	2018 年	2025 年	年均增速	属性
农业数字经济占农业增加值比重（%）	7.3	15	10.8	预期性
农产品网络零售额占农产品总交易额比重（%）	9.8	15	5.5	预期性
农村互联网普及率（%）	38.4	70	10.5	预期性

资料来源：《数字农业农村发展规划（2019-2025 年）》。

（三）数字农业农村的评价思路

1. 总体思路

以习近平新时代中国特色社会主义思想为指导，立足新发展阶段，贯彻新发展理念，构建新发展格局，顺应开启全面建设社会主义现代化国家新征程、向第二个百年奋斗目标进军的新要求。在当前和今后一段时期里，农业农村数字化应面向世界农业数字技术发展前沿，面向全面实施乡村振兴的主战场，面向"三农"发展的战略需求，以农业结构性改革和转变农业发展方式为导向，加强信息技术与农业农村领域融合发展的基础理论突破、关键技术研究、重大产品创制、标准规范制定和典型应用示范，建立以信息感知、定量决策、质量控制、精准投入、个性服务为特征的现代农业产业体系、生产体系、经营体系，提高农业生产智能化、经营网络化、管理数据化、服务在线化水平，为实施乡村振兴战略提供强大支撑。

2. 基本原则

体现国家战略和社会需求。《中共中央、国务院关于实施乡村振兴战略的意见》《乡村振兴战略规划（2018-2022 年）》《国家信息化发展战略纲要》《数字乡村发展战略纲要》《数字农业农村发展规划（2019-2025）》等中央文件对有关数字乡村建设的总体要求、重点任务和具体措施均予以明确。指标体系的构建必须建立在深刻领会国家数字化战略的基础上，遵循数字乡村发展战略的基本方向，以保证指标体系的科学性和前瞻性。同时，还需充分考虑广大农民对数字乡村建设的内在需求。

综合考虑数字化发展的广度和深度。随着广大农村地区通信、物流、金融及信息服务平台等基础设施的不断完善，乡村数字化发展逐渐从单一领域转向覆盖农业、工业、商贸、流通、乡村治理、生活消费、生态环境保护等诸多领域，农村数字化变革得以全面展开。农村数字化发展广度的提升有助于发挥信息技术普惠作用，推动区域更多农户在更广泛的领域采用信息技术、跨越数字鸿沟；农村数字化深度的改善有助于将最新的数字化技术与最丰富的行业发展经验深度融合，促进相关行业的转型升级。

兼顾指标选取的代表性与数据的可获取性。数字农业农村评价指标体系的指标选取需具有较好的代表性和数据可获取性，相关指标或替代指标数据获取需保证权威性、准确性和连续性，同时还需满足经济学、统计学等分析方法的使用要求，以保证评估指标体系的科学性、可操作性和评估结果的客观性。

3. 指标框架

基于对数字农业农村相关政府报告的梳理分析，结合已有的评价指标体系相关研究，初步构建数字农业农村的评价指标体系，主要分为农业数字化、农村数字化、农民数字化三个维度，具体包括 3 个一级指标、9 个二级指标和 16 个三级指标，如表 3-9 所示。

表 3-9 数字农业农村评价指标体系

一级指标	二级指标	三级指标（理想指标）
农业数字化	第一产业数字化	农业装备数字化
		农业信息数字化
	第二产业数字化	农村工业数字化
	第三产业数字化	农村电商销售情况
		农村普惠金融发展情况
		乡村旅游数字化情况
	产业链数字化	农产品销售三产融合情况

续表

一级指标	二级指标	三级指标（理想指标）
农村数字化	农村治理和服务数字化	数字化治理系统发展情况
		数字化服务平台搭建情况
	农村基础设施数字化	数字化物流发展情况
		5G 等网络基础设施发展情况
		各类基础传感器的建设情况
农民数字化	农民消费数字化	农民网购消费情况
	农民教育文化卫生数字化	远程教育在农村的发展情况
		远程医疗在农村的发展情况
	农民社交娱乐数字化	农民使用社交娱乐软件的情况

（四）指标解释

1. 农业数字化

（1）第一产业数字化。农业数字化转型得到全球诸多国家的高度重视，传统农业企业和信息技术企业纷纷加速布局农业数字化转型。在新一代信息技术创新空前活跃的时代背景下，推动大数据、物联网、人工智能等在农业生产经营管理中的运用，促进新一代信息技术与种植业、畜牧业、渔业、种业等全面深度融合，成为打造科技农业、智慧农业和品牌农业的重要途径。

第一产业数字化包括农业装备数字化和农业信息数字化两个三级指标，反映农业数字化生产。具体包括国家现代农业示范项目建设、所有行政村中淘宝村占比。其中，国家现代农业示范项目建设基于农业农村部认定的国家现代农业产业园、数字农业农村发展水平评价先进县、国家现代农业示范区及国家发改委、农业农村部等七部门共同认定的国家农村产业融合发展示范园等国家级项目建设与认证情况进行综合衡量。所有行政村中淘宝村占比反映电商产业的县域覆盖情况，行政村数据来源于国家统计局官网，淘宝村数据来源于阿里研究院发布的《中国淘宝村研究报告（2009−2019）》。

（2）第二产业数字化。工业数字化发展亦是乡村数字经济发展水平的重要方面。第二产业数字化包括农村工业数字化一个三级指标，具体指标为国家新型工业化示范基地建设。国家新型工业化示范基地建设通过工业和信息化部认定的国家新型工业化产业示范基地、国务院批准成立的国家级高新技术产业开发区等国家级项目的建设与认证情况进行衡量。物联网、人工智能、工业机器人等新技术成为工业数字化转型的重要驱动因素，对于拓展工业发展新空间、催生网络化协同制造、个性化定制、服务型制造等新业态新模式具有重要意义。《国家信息化发展战略纲要》明确指出，推进信息化和工业化深度融合，加快信息技术与制造技术、产品、装备融合创新，全面提升企业研发、生产、管理和服务的智能化水平。推进农村产业融合发展，加快农村产业园区和产业集群建设，促进农村工业尤其是农产品加工业数字化升级，有助于培育壮大乡村产业，发展乡村数字经济。近些年，由工业和信息化部推动的国家新型工业化产业示范基地建设在促进区域信息化与工业化融合，引导产业集聚发展、集约发展，进一步优化产业结构等方面发挥积极作用。

（3）第三产业数字化。第三产业数字化包括农村电商销售情况、农村普惠金融发展情况、乡村旅游数字化情况三个三级指标。随着电子商务在农村地区的快速发展，以互联网为依托的生产资料和农产品、工业品批发或零售有效缩短了网商与消费者的距离，促进低成本、高效率的线上交易，有效拉动区域经济增长。电子商务的发展与区域特色农产品、工业品等元素的聚集，催生了一批产业富有特色、经营活跃的专业淘宝村，极大地提升了农村数字化营销水平。

数字化金融为数字化生产、数字化供应链管理、数字化营销等提供重要的金融产品和服务支持。将云计算、大数据、人工智能、物联网、区块链等各项数字化技术运用于金融领域，有助于创新打通农村金融服务的"最后一公里"，降低金融服务的门槛、提高金融服务效率。《数字乡村发展战略纲要》中明确指出，创新农村普惠金融服务，改善网络支付、移动支付、网络信贷等普惠金融发展环境。数字化时代的到来降低了金融风险控制成本，移动互联网行业逐步向农村地区渗透，加上农民整体的金融意识水平不断提高，数字化转型加速农村金融服务业的变革。以支付、信贷、保险、货币基金、投资等为表征的农村数字金融蕴藏着巨大的发展潜力，对提高农村普惠金融整体发展水平具有重要意义。数字化金融指数直接引用北京大学数字金融研究中心课题组（2019）构建的北京大学数字普惠金融指数中的同名一级指标——普惠金融的数字化程度。该指标从移动化、实惠化、信用化和便利化四个方面度量了金融数字化程度，体现了使用数字金融服务的成本性和便利性。

乡村数字旅游体现乡村旅游活动过程的数字化和网络化。信息技术的迅猛发展使数字旅游成为旅游业发展的必然趋势，不仅促进了农村特色经济的发展，更重要的是为农村居民丰富休闲旅游生活、提高生活质量提供了便利。

（4）产业链数字化。产业链数字化主要是侧重农产品销售三产融合的数字化情况。随着乡村创意农业、观光农业、定制农业、云农场等新业态的发展，推动农村一二三产业的融合显得较为迫切。以淘宝、抖音、快手等网络平台为依托的直播销售和社交电商成为农村新兴的营销模式，有效促进区域特色产品的网络销售。当下中国存在供需错配，大量消费者买不到想要的高品质产品，但大量农民又有产品难以销售的问题。通过创意农业、定制农业、观光农业，将三个产业结合起来，对提升农村产业的整体价值有着重要的意义。

2. 农村数字化

（1）农村治理和服务数字化。农村治理和服务数字化包括数字化治理系统发展情况、数字化服务平台搭建情况两个三级指标。治理和服务数字化是推进乡村治理手段现代化、提高乡村基层治理能力的重要途径，亦是建设数字政府、全面实现乡村数字化转型的重要保障。全球诸多国家越来越重视以数字技术驱动政府治理和服务现代化，以创造更多公共价值。《中共中央关于坚持和完善中国特色社会主义制度、推进国家治理体系和治理能力现代化若干重大问题的决定》指出，建立健全运用互联网、大数据、人工智能等技术手段进行行政管理的制度规则。推进数字政府建设，加强数据有序共享，依法保护个人信息。电子政务领域云计算、人工智能、区块链等数字技术的广泛应用，平台化工具、组件化工具的日益普及，有助于持续提升政府数字服务水平，促进政府在政务服务、区域安全、防灾减灾等方面科学决策。全面推进数字乡村建设，建立健全大数据辅助科学决策和社会治理的机制，推进政府管理和社会治理模式创新，实现政府决策科学化、社会治理精准化、公共服务高效化是实现乡村全面振兴的重要举措。

科学治理和服务手段的运用是实现乡村有效治理的核心。《数字乡村发展战略纲要》倡导大力发展电子政务，指出应推动"互联网+党建"，建设完善农村基层党建信息平台，优化升级全国党员干部现代远程教育，推广网络党课教育。推动党务、村务、财务网上公开，畅通社情民意。依托全国一体化在线政务服务平台，加快推广"最多跑一次""不见面审批"等改革模式，推动政务服务网上办、马上办、少跑快办，可有效提高群众办事便捷程度。

（2）农村基础设施数字化。农村基础设施数字化包括数字化物流发展情况、5G等网络基础设施发展情况、各类基础传感器的建设情况三项三级指标。数字基础设施是数字乡村建设的重要物质基础，为乡村经济数字化、乡村治理数字化和乡村生活数字化提供全面支撑。建设强大支撑能力网络、培育壮大丰富应用场景、构建网络安全保障体系、持续强化科技创新突破、不断优化产业发展生态是新时期我国数字基础设施建设的重要方向。

乡村数字基础设施建设包括信息基础设施、金融基础设施、商业基础设施、农产品终端服务平台、基础数据资源体系等方面的数字基础设施建设。加快农村宽带通信网、移动互联网、数字电视网等信息基础设施的发展，不断提升移动设备的网络接入率、降低网络资费标准有助于乡村网络设施水平的持续提升。数字技术的创新运用不断赋予基础设施新的内涵，推动以5G网络、工业互联网、物联网等网络基础、大数据中心等数字基础、人工智能等运算基础为代表的新型基础设施建设对于创新和拓展新消费、新制造、新服务显得尤为重要。互联网金融基础设施建设是乡村数字普惠金融向纵深发展的重要推动力量，对乡村产业、供应链、营销等经济活动各环节数字化转型具有重要的基础性作用。商业基础设施的数字化是区域基础设施数字化的重要方面，对现代商业发展的支撑作用日益凸显。开发适应"三农"新特点的农产品终端服务平台、搭建农村综合信息服务平台有助于为农村信息的数字化整合、传递、交流，保障农村电子商务的有序运行，提高农民现代信息技术应用水平等提供平台支撑。在信息化时代，数据的战略地位不断强化，数据资源的开发利用也加快推进。建立农村基础数据资源体系，搭建农业自然资源、农村集体资产、农村宅基地、农户和新型农业经营主体等的大数据平台，推进动态监测与反应系统应用，有助于充分发挥大数据优势，实现灵活、高效、低成本的数据分析，并为相关决策提供参考，增强农村基层治理能力和公共应急事件的处置能力。

3. 农民数字化

（1）农民消费数字化。农民消费数字化主要包括农民网购消费情况，由每亿元 GDP 中电商消费额这一具体指标来反映。每亿元 GDP 中电商销售额反映电商消费对县域经济总量的贡献，电商销售额指阿里巴巴零售平台（淘宝、天猫、聚划算等）上的农产品、工业产品以及服务类产品等销售总额。数字消费是农民数字化生活的重要内容。电子商务发展使传统商业模式换代升级，电子化、网络化、信息化成为现代商业发展的重要特征。电子商务发展推动全国统一大市场形成，城乡居民在消费结构和消费习惯方面的差异日益缩小，有效削减了城乡消费鸿沟。在线消费、智能消费等成为农村消费的新趋向。依托电子商务、移动支付等信息技术支持，农村数字消费规模快速增长，数字消费产品和服务的供给不断优化，年轻群体和有一定经济实力的消费者表现出较高的参与趋向。总体上，数字消费对释放新时期农村消费潜力、促进农村消费结构转型升级发挥着不可替代的作用。

（2）农民教育文化卫生数字化。农民教育文化卫生数字化包括远程教育在农村的发展情况、远程医疗在农村的发展情况两个三级指标，分别由人均排名前 100 教育培训类 App 使用量、每万人网络医疗平台注册的来自该县域的医生数来反映。数字教育、数字医疗的健康有序发展均对提升乡村生活数字化发挥不可或缺的作用。教育和医疗卫生服务方面的城乡差距一直是中国社会均衡发展面临的巨大挑战。人工智能等数字技术的应用为解决这一挑战提供了重要机遇，激起了中国数字教育和数字医疗发展的新浪潮。在农村中小学信息基础设施建设的基础上，利用数字化的手段，将城市优势教育资源输送到农村，能够有效拓宽农村数字教育资源覆盖面、推动线上线下教育相结合。同时，"互联网+医疗"实现了信息连接和共享，支持乡镇和村级医疗机构提高信息化水平，鼓励医疗机构用互联网等信息技术拓展医疗服务空间和内容，对农村居民开展在线医疗、健康咨询、健康管理服务，引导先进医疗机构向农村医疗卫生机构提供在线医疗、在线教学、在线培训等服务，这将对提升农村地区医疗服务质量以及农民对高质量医疗服务的可及性产生积极影响。

（3）农民社交娱乐数字化。农民社交娱乐数字化包括农民使用社交娱乐软件的情况，由每台已安装 App 设备的排名前 100 娱乐视频类 App 平均使用时长来反映。数字文化体现文化的数字化共享，数字文化的发展将为乡村的文化输入与输出注入新的活力。当前，中国各地积极开展覆盖县乡村的公共数字文化服务体系建设，推进文物数字资源进乡村，同时积极鼓励农民利用多样化的文娱 App 进行自媒体创作，传播优秀的地方文化。

第四章

农业农村现代化的发展评价

对农业农村现代化发展现状进行评价，首先要根据指标的重要性和可得性，挑选出可运用的评价指标，其次采用等权重法对全国及省级的农业农村现代化发展水平进行测算评估，最后对评价结果进行比较分析并据此提出相应的政策建议。

一、核心指标体系

（一）指标选取

本章旨在对全国以及 31 个省份的农业农村现代化水平进行试算，尽管现有研究在农业现代化、农村现代化、农民现代化的内容涵盖的指标极其广泛，但是省级层面的可选指标非常有限。因此，综合考虑指标的科学性和数据的可获得性，本章在借鉴现有评价指标体系研究的基础上，按照农业高质高效、农村宜居宜业、农民富裕富足的具体目标要求，最终确定了农业现代化、农村现代化、农民现代化 3 个一级指标，选取 14 个具有代表性的二级指标，构建农业农村现代化评价指标体系。全国及 31 个省

本章执笔人：王霞、张斌、王莉

份的数据主要来源于 2013~2019 年的《中国统计年鉴》《中国农业统计年鉴》《中国农村统计年鉴》《中国环境统计年鉴》《城乡建设统计年鉴》《中国人口和就业统计年鉴》，其中，一些指标可以从年鉴中直接获取，对于无法直接从年鉴中查找到的数据，则通过简单计算得到，如农业机械化率、农业土地产出率、农业劳动生产率、粮食产出率等。下文从农业现代化、农村现代化、农民现代化三个维度介绍具体指标及目标值设定。

农业高质高效就是粮食安全有保障，农业产业有竞争力。因此，农业现代化维度选取了农作物耕种收综合机械化率、农业土地产出率、农业劳动生产率、化肥施用强度和粮食产出率 5 个指标。其中，农作物耕种收综合机械化率是指主要农作物耕种收综合机械化率，是传统的农业现代化指标；农业劳动生产率是指单位劳动力的人均产值，是体现农业核心竞争力的重要指标；农业土地产出率是指单位耕地面积的农业产值效益；化肥施用强度是指单位播种面积的化肥施用量，综合体现农业的可持续发展能力；粮食产出率是指单位面积粮食产量，体现粮食供给能力。

农村宜居宜业就是乡村生态美、条件优，既守得住绿水青山，又留得住青年人才。因此，农村现代化维度选取了无害化卫生厕所普及率、森林覆盖率、农村供水普及率、农村居民平均每百户年末家用汽车拥有量、农村最低平均生活标准占农民收入比 5 个指标。其中，无害化卫生厕所普及率反映农村生活环境；森林覆盖率反映农村生态环境；农村供水普及率反映农村供水状况，体现最基本的生活保障条件；农村居民平均每百户年末家用汽车拥有量反映农村交通状况，体现农村发展保障条件；农村最低平均生活标准占农民收入比反映农村低保状况，体现农村公共服务保障水平。

农民富裕富足，就是农村居民物质生活富裕、精神生活富足。因此，农民现代化维度选取了农村居民人均可支配收入、农村居民恩格尔系数、农村居民平均受教育年限、城乡居民人均可支配收入比 4 个指标。其中，农村居民人均可支配收入反映农民绝对收入；农村居民恩格尔系数反映农民家庭生活水平，综合体现物质层面的富裕状况；农村居民平均受教育年限反映农民受教育程度；城乡居民人均可支配收入比反映城乡收入差距，综合体现精神层面的富足状况。

（二）设定目标值

关于 2035 年指标目标值的设定。大部分指标的 2035 年目标值借鉴了已有发展规划、政策文件等要求和相关研究成果，还有部分指标是根据历史数据推算得出。其中，农业机械化率指标的现值为 70.02%，目标值定为 90.00%；农业土地产出率指标现值为 5.22 万元/公顷，对标国际经验，并结合历史趋势，本章外推得到的目标值为 10.00 万元/公顷；农业劳动生产率指标的现值为 3.62 万元/人，已有研究认为 2035 年目标值应该在 6.5 万元/人以上，结合该指标的增长率，本章将该指标的目标值定为 8.00 万元/人；农业可持续发展水平指标的现值为 325.68 公斤/公顷，参考发达国家平均水平，目标值为 250.00 公斤/公顷；粮食产出率指标的现值为 5.72 吨/公顷，目标值定为 7.00 吨/公顷。无害化卫生厕所普及率的现值为 62.50%，目标值为 90.00%。森林覆盖率现值为 23.00%，根据《全国重要生态系统保护和修复重大工程总体规划（2021-2035 年）》要求，2035 年的目标值为 26.00%。农村供水普及率的现值为 80.98%，目标值为 95.00%。农村居民平均每百户年末家用汽车拥有量的现值为 24.70 辆/百户，推算的目标值为 50.00 辆/百户；农村最低平均生活标准占农民收入比的现值为 33.30%，推算的目标值为 50.00%。农村居民恩格尔系数的现值为 30.00%，目标值为 25.00%。农村居民平均受教育年限的现值为 7.92 年，目标值为 11.00 年。城乡居民人均可支配收入比的现值为 2.64，已有研究均认为该指标值应该小于 2.00，甚至也有学者认为应该小于 1.80，结合目前的城乡差距，本章将目标值定为 2.00。农村居民人均可支配收入的现值为 16021.00 元，推算的目标值为 30000.00 元。本章构建的农业农村现代化评价指标体系及目标值如表 4-1 所示。

表 4-1　农业农村现代化评价指标体系及目标值

一级指标	二级指标	具体指标	单位	计算方法	2019 年现值	2035 年目标值
农业现代化	农业机械化水平	农作物耕种收综合机械化率	%	机耕率×40%＋机播率×30%＋机收率×30%	70.02	90.00
	农业土地产出效率	农业土地产出率	万元/公顷	第一产业增加值/耕地面积	5.22	10.00
	农业劳动生产效率	农业劳动生产率	万元/人	第一产业增加值/第一产业总就业人口	3.62	8.00
	农业可持续发展水平	化肥施用强度	公斤/公顷	化肥施用总量/播种面积	325.68	250.00
	粮食产出水平	粮食产出率	吨/公顷	粮食产量/粮食播种面积	5.72	7.00
农村现代化	农村生态环境	森林覆盖率	%	森林面积占区域总面积比重	23.00	26.00
	农村生活环境	无害化卫生厕所普及率	%	无害化卫生厕所普及率	62.50	90.00
	农村供水状况	农村供水普及率	%	农村供水普及率	80.98	95.00
	农村交通状况	农村居民平均每百户年末家用汽车拥有量	辆/百户	农村居民平均每百户年末家用汽车拥有量	24.70	50.00
	农村低保状况	农村最低平均生活标准占农民收入比	%	（农村最低生活保障平均标准/农村居民人均可支配收入）×100%	33.30	50.00
农民现代化	农民绝对收入	农村居民人均可支配收入	元	农村居民人均可支配收入	16021.00	30000.00
	农民物质消费	农村居民恩格尔系数	%	人均食品烟酒消费/消费总支出	30.00	25.00
	农民受教育程度	农村居民平均受教育年限	年	小学人口比重×6＋初中人口比重×9＋高中人口比重×12＋大专及以上人口比重×16	7.92	11.00
	城乡收入差距	城乡居民人均可支配收入比	—	城镇居民人均可支配收入/农村居民人均可支配收入×100%	2.64	2.00

本章对 14 个二级指标进行等权重赋权，其中，正向指标包括：农作物耕种收综合机械化率、农业土地产出率、农业劳动生产率、粮食产出率、无害化卫生厕所普及率、森林覆盖率、农村供水普及率、农村居民平均每百户年末家用汽车拥有量、农村最低平均生活标准占农民收入比、农村居民人均可支配收入、农村居民平均受教育年限 11 项；逆向指标包括：化肥施用强度、农村居民恩格尔系数、城乡居民人均可支配收入比 3 项。具体标准化结果见表 4-2。

表 4-2　指标标准化值和权重结果

具体指标	样本	均值	方差	最小值	最大值	权重
农作物耕种收综合机械化率	217	62.70	20.37	12.66	100.00	0.0667
农业土地产出率	217	50.68	26.08	12.24	100.00	0.0667
农业劳动生产率	217	29.91	11.42	9.22	67.68	0.0667
化肥施用强度	217	71.41	20.98	31.27	100.00	0.0667
粮食产出率	217	77.65	13.09	47.61	100.00	0.0667
森林覆盖率	217	81.22	26.65	16.15	100.00	0.0667
无害化卫生厕所普及率	217	62.17	27.33	9.92	100.00	0.0667
农村供水普及率	217	76.88	17.88	34.39	100.00	0.0667
农村居民平均每百户年末家用汽车拥有量	217	35.79	21.01	0.60	99.60	0.0667
农村最低平均生活标准占农民收入比	217	64.06	12.37	36.61	95.73	0.0667
农村居民人均可支配收入	217	46.03	16.63	20.97	100.00	0.0833
农村居民恩格尔系数	217	78.17	11.82	46.08	100.00	0.0833
农村居民平均受教育年限	217	69.76	7.55	34.72	89.10	0.0833
城乡居民人均可支配收入比	217	78.56	10.34	56.24	100.00	0.0833

二、评价计算方法

（一）指标标准化处理及权重

评价指标的标准化处理采用目标比值法，即对标目标值，将各项指标进行无量纲化处理。该方法可以更好地体现每项指标的实现程度。因为指标体系中既有正向指标又有逆向指标，以目标值为标准，正向指标是指指标现值低于目标值，逆向指标是指指标现值高于目标值，因此在标准化处理时需要对它们的评分方法有所区别。

对于正向指标，其实现标准化处理的计算公式为：

$$Y_{ij}=\begin{cases}X_{ij}/X_{i,max}\times100\% & 若\ X_{ij}/X_{i,max}<1 \\ 100 & 若\ X_{ij}/X_{i,max}\geq1\end{cases} \tag{4-1}$$

$(i=1,\ 2,\ \cdots,\ m；j=1,\ 2,\ \cdots,\ n)$

对于逆向指标，其实现程度的计算公式为：

$$Y_{ij}=\begin{cases}X_{i,max}/X_{ij}\times100\% & 若\ X_{i,max}/X_{ij}<1 \\ 100 & 若\ X_{i,max}/X_{ij}\geq1\end{cases} \tag{4-2}$$

其中，X_{ij} 表示第 j 年或 j 地区第 i 个指标的实际值，$X_{i,max}$ 表示目标值，Y_{ij} 表示无量纲化后的标准值。上述公式的第一行是正向指标的标准化公式，第二行是逆向指标的标准化公式。在标准化处理中，采用 100 分满分制。对于正向指标，当正向指标的数值低于目标值时，标准化取值为两者的比值；当正向指标的数值已经超过目标值时，标准化取值为 100 分。对于逆向指标，当逆向指标的数值超过目标值时，标准化取值为两者比值的倒数；反之，则标准化取值为 100 分。

参考联合国开发计划署的人类发展指数、联合国可持续发展目标评估等测算方法，本章通过等权重法赋予每个指标各自的权重。农业现代化、农村现代化、农民现代化三个维度的比重各为 1/3，在农业现代化维度中，5 个具体指标的比重各占 1/5；在农村现代化维度中，5 个具体指标的比重各占 1/5；在农民现代化维度中，4 个具体指标的比重各占 1/4。

（二）综合得分测算方法

确定各指标的标准化和权重确定方法后，将各指标得分进行加总可以得到综合总得分，通过综合得分高低对农业农村现代化水平进行评价。具体计算公式如下：

$$Z= \sum \left(\omega_i \right) Y_{ij}/100 \tag{4-3}$$

其中，ω_i 表示第 i 项指标的权重，Z 表示综合得分，最高得分为 1，最低得分为 0，得分越高，说明农业农村现代化水平越高。

三、评价结果分析

（一）农业农村现代化的整体发展

农业农村现代化水平稳步提高。测算结果显示，自党的十八大以来，全国农业农村现代化的综合得分由 2013 年的 56.71 分上升到 2019 年的 69.44 分，累计提高 12.73 分，每年的增长速度约为 3.4%（见表 4-3）。如果按照目前的增长速度，我国可以在 2035 年之前基本实现农业农村现代化。

表 4-3　2013~2019 年全国农业农村现代化评价指标体系测算结果

	农业维度得分	农村维度得分	农民维度得分	综合得分
2013 年	55.21	54.17	60.77	56.71
2014 年	56.57	57.68	63.92	59.39
2015 年	58.10	60.27	64.57	60.98
2016 年	59.12	63.94	66.26	63.11
2017 年	61.78	68.00	67.98	65.92
2018 年	63.68	70.08	69.76	67.84
2019 年	65.49	71.74	71.09	69.44
绝对变化	10.28	17.57	10.32	12.73
维度贡献率	26.94%	46.03%	27.03%	—

农业、农村、农民全方位发展。农业维度得分由 2013 年的 55.21 分上升至 2019 年的 65.49 分，提高了 10.28 分；农村维度得分由 2013 年的

54.17 分上升至 2019 年的 71.74 分，提高了 17.57 分；农民维度得分由 2013 年的 60.77 分上升至 2019 年的 71.09 分，提高了 10.32 分。

农村现代化发展明显提速。2013 年农村维度在三个维度中的得分最低，而到 2019 年农村维度得分超过了农业和农民维度。2013~2019 年，农村维度的得分增长率最高，达 32.43%，农业维度和农民维度的增长率分别为 18.62%、16.98%。从各维度对综合得分的贡献率也可以看出，农村维度贡献率最高，达 46.03%，农业和农民维度的贡献率均在 27% 左右。

（二）农业农村现代化发展的短板弱项

农业生产效率水平比较低。自 2013 年以来，农业机械化水平、农业绿色发展水平和粮食产出水平保持提升。机械化率由 66.09 分提高到 76.78 分、农业可持续发展水平由 69.22 分上升至 76.76 分、粮食产出水平由 74.19 分提高至 81.71 分。农业土地和劳动产出效率尽管也有稳定的上升，但是这两个指标的绝对得分相对较低，2019 年土地产出率仅为 52.25 分，劳动生产率仅为 39.95 分，均没有达到 60 分。农业土地和劳动产出率对于综合得分的贡献率较高，分别达 6.86% 和 6.59%。其中，机械化率对综合得分的贡献率为 5.6%；农业绿色发展水平、粮食产出水平对综合得分的贡献率相对较低，均在 3.9% 左右。由此可见，自党的十八大以来，我国农业现代化稳定推进，粮食生产能力持续提升，农业生产效益和可持续发展能力不断增强，但是土地产出率和劳动生产率仍有很大提升空间。"十四五"时期，我国粮食供求紧平衡的格局不会改变。随着城镇化推进和消费升级，粮食需求仍将保持刚性增长，而粮食生产又面临水土资源的硬约束。在确保国家粮食安全的任务下，未来在高标准农田建设、耕地保护、科技创新等领域加大投入力度依然是未来农业农村发展的重中之重。

基础设施和公共服务供给依然较弱。自 2013 年以来，我国农村基础设施建设和公共服务保障能力显著提升。在基础设施建设方面，农村供水普及率由 59.57% 提高到了 80.98%，对应指标得分从 62.71 分提高到

85.24 分，增加了 22.54 分，增长贡献率达 11.81%；农村交通状况由 15.2 分提高到 49.40 分，增长贡献率达 17.92%，但该指标 2019 年的得分总体还较低，仍需加快提升。在公共服务方面，农村低保标准占农民收入比由 25.81% 提高到 33.30%，对应指标得分从 51.62 分提高到 66.13 分，增加了 14.51 分，增长贡献率为 7.6%，显著提升，但总体发展水平也依然较低。此外，在农村人居环境整治等政策支持下，农村生活环境明显改善，无害化卫生厕所普及率从 52.4% 提高到 62.50%，该指标得分从 58.22 分提高到 69.44 分，增加了 11.22 分，增长贡献率为 5.88%，但未来还有近 30 分的提升空间。农村生态环境由于采用了森林覆盖率指标，普查数据结果的年度变化较小，但是对标 2035 年发展目标，目前实现值较高，达 88.46 分，按照现有发展速度，有望如期实现。由此可见，农村在加快补齐发展短板的同时，未来仍面临持续优化完善提升的重要挑战，亟须加大农村基础设施和公共服务供给保障能力，全面优化农村生产生活和发展条件。

增加农民收入、缩小城乡差距是重点和难点。自 2013 年以来，农民物质生活水平不断提高，精神生活不断丰富。在物质生活方面，农民人均可支配收入由 10615 元提高到 16021 元，对应指标得分从 35.38 分提高到 53.40 分，提高了 18.02 分，增长贡献率达 11.80%；农村居民恩格尔系数由 37.66 下降到 30.00，对应指标得分从 66.38 分提高到 83.34 分，提高了 16.96 分，增长贡献率达 11.11%。在精神生活方面，农民受教育年限由 7.71 年上升到 7.92 年，对应指标得分从 70.05 分提高到 71.96 分，增加了 1.91 分；城乡居民收入比由 2.81∶1 下降到 2.64∶1，对应指标得分从 71.26 分提高到 75.64 分，提高了 4.38 分。提升农民教育水平和缩小城乡收入差距是需要久久为功的慢变量，也是农业农村现代化发展中的难点，2013 年以来两个指标的总体变化较小，增长贡献率也较低，分别为 1.25% 和 2.87%（见表 4-4）。目前农村居民绝对收入水平还相对较低，缩小城乡差距的关键还是要加快提高农村居民收入。因此，"十四五"时期，要聚焦农民增收、提高农民受教育水平、缩小城乡差距等方面，强化政策举措，保持政治定力，久久为功。

表 4-4 2013~2019 年全国农业农村现代化二级指标得分

指标	2013 年	2014 年	2015 年	2016 年	2017 年	2018 年	2019 年	贡献率（%）
农业机械化水平	66.09	68.44	70.91	72.43	74.70	76.78	76.78	5.60
农业土地产出效率	39.15	41.19	42.79	44.59	46.04	48.00	52.25	6.86
农业劳动生产效率	27.37	30.51	32.94	34.98	37.06	39.95	39.95	6.59
农业可持续发展水平	69.22	68.87	69.25	69.74	70.97	73.37	76.76	3.95
粮食产出水平	74.19	73.83	74.63	73.84	80.11	80.30	81.71	3.94
农村生活环境	58.22	61.31	63.89	67.22	69.44	69.44	69.44	5.88
农村生态环境	83.08	88.46	88.46	88.46	88.46	88.46	88.46	2.82
农村供水状况	62.71	64.79	66.76	68.66	79.48	81.78	85.24	11.81
农村交通状况	15.20	20.90	26.60	34.80	38.60	44.60	49.40	17.92
农村低保状况	51.62	52.94	55.64	60.57	64.03	66.13	66.13	7.60
农民绝对收入	35.38	38.59	41.45	43.99	47.01	50.12	53.40	11.80
农民物质消费	66.38	74.47	75.64	77.54	80.19	83.14	83.34	11.11
农民受教育程度	70.05	69.88	67.95	69.96	70.91	71.29	71.96	1.25
城乡收入差距	71.26	72.73	73.23	73.56	73.81	74.48	75.64	2.87

（三）各地区农业农村现代化发展评估

1. 四大区域发展情况

从四大区域来看，东部地区综合水平最高，高于全国平均水平，中部地区和西部地区农业农村现代化综合水平有显著提升，但地区差距依然明显（见图 4-1）。

东部地区综合水平最高。2019 年东部地区农业农村现代化综合得分达 75.74 分，居四大区域首位。农村维度和农民维度优势最为显著，得分分别为 81.96 分和 79.63 分，均超过其他地区；农业维度得分为 65.63 分，仅次于东北地区。其中，浙江和江苏两个省份的综合得分超过 80 分，处于领先位置。

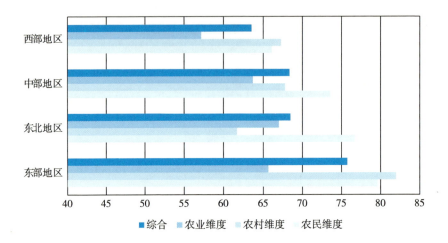

图 4-1 2019 年分区域各维度得分情况

东北地区农业和农民优势明显。2019 年东北地区综合得分为 68.46 分，仅低于东部地区。其中，农业维度得分为 66.99 分，得分高于其他地区；农民维度得分为 76.73 分，仅比东部地区少 3 分，显著高于中部地区和西部地区；但是农村维度得分仅为 61.65 分，与东部地区相差较大。

中部地区保持了全国中等水平。2019 年中部地区综合得分为 68.34 分，低于全国综合得分。其中，农业维度得分为 63.68 分，得分低于东部地区和东北地区；农村维度得分为 67.78 分，仅次于东部地区；农民维度得分为 73.57 分，落后于东部地区和东北地区。中部地区在农业现代化方面与东部地区的差距不大，在农村和农民维度还拥有极大的潜力。

西部地区整体较弱。脱贫攻坚后，西部地区基础设施建设和公共服务供给有明显的改善，农村现代化发展水平明显提高，2019 年农村维度的得分为 67.26 分，高于东北地区；但低于东部地区和中部地区。并且，农业现代化和农民现代化的水平显著低于其他地区。2019 年农业维度得分为 57.16 分，比东北地区低 9.83 分；农民维度得分为 66.06 分，比东部地区低 5.01 分。其中，综合得分较低的省份都集中在西部地区，西藏和甘肃低于 60 分，与其他省份的差距显著。

2. 各省份发展变化情况

表 4-5 展示了 2019 年全国 31 个省份农业农村现代化评价指标体系的

得分及排名情况。从综合得分来看，全国 31 个省份大致可以分为四类，一是综合得分超过 80 分的领先省份，主要是浙江和江苏，2019 年两地得分分别为 80.96 分和 80.34 分；二是得分在 70~80 分的较优省份，具体包括北京、天津、上海、山东等 10 个省份；三是得分在 60~70 分的一般省份，具体包括黑龙江、安徽、河南等 17 个省份；四是得分低于 60 分的较落后省份，主要是西藏和甘肃。由此可见，农业农村现代化的综合得分落后的省份主要集中在西部地区。

表 4-5　2019 年 31 个省份农业农村现代化评价指标体系得分

省份	农业维度		农村维度		农民维度		2019 年综合		2013~2019 年综合得分变化
	得分	排名	得分	排名	得分	排名	得分	排名	
浙江	72.22	2	82.37	4	88.29	2	80.96	1	8.57
江苏	80.93	1	76.14	9	83.95	5	80.34	2	10.36
北京	49.94	30	97.73	1	90.11	1	79.26	3	7.57
天津	65.27	10	85.88	2	86.01	3	79.06	4	9.79
上海	68.27	8	80.60	6	84.32	4	77.73	5	10.12
山东	69.38	6	77.41	8	75.85	11	74.22	6	12.84
广东	64.20	12	85.11	3	70.84	18	73.38	7	10.96
河北	62.75	16	78.40	7	76.56	8	72.57	8	11.97
福建	62.88	15	81.94	5	72.60	15	72.47	9	8.32
湖北	66.16	9	72.68	15	76.30	9	71.71	10	15.07
江西	69.82	5	70.77	17	73.60	13	71.40	11	12.68
辽宁	70.81	4	64.88	23	75.85	12	70.51	12	10.56
黑龙江	69.16	7	59.91	30	78.40	6	69.15	13	10.08
安徽	62.91	14	72.69	14	69.80	22	68.47	14	14.73
河南	60.88	20	67.42	21	77.00	7	68.43	15	12.69
湖南	71.49	3	60.14	29	72.73	14	68.12	16	11.87
广西	58.94	23	75.27	10	69.82	21	68.01	17	13.54
内蒙古	64.38	11	66.36	22	72.28	16	67.67	18	9.50
重庆	61.60	17	72.81	13	67.87	24	67.43	19	12.84
海南	60.42	21	74.01	11	67.78	25	67.40	20	4.26
四川	64.08	13	70.23	18	67.06	26	67.12	21	13.95

省份	农业维度		农村维度		农民维度		2019 年综合		2013~2019 年综合得分变化
	得分	排名	得分	排名	得分	排名	得分	排名	
吉林	61.00	19	60.17	28	75.96	10	65.71	22	8.02
宁夏	54.45	25	68.59	19	68.99	23	64.01	23	10.14
贵州	52.51	26	73.65	12	63.30	27	63.15	24	16.35
陕西	50.44	29	67.63	20	70.81	19	62.96	25	9.63
新疆	61.51	18	55.57	31	69.88	20	62.32	26	8.94
山西	50.82	28	62.96	24	71.98	17	61.92	27	8.36
青海	60.07	22	61.88	25	62.49	28	61.48	28	12.01
云南	48.54	31	72.41	16	62.46	29	61.14	29	12.48
西藏	57.08	24	61.51	26	57.08	31	58.56	30	11.30
甘肃	52.31	27	61.25	27	60.96	30	58.18	31	9.73

从农业维度来看，排名前五位的省份依次是江苏、浙江、湖南、辽宁、江西。江苏排名第一，农业维度得分达 80.93 分。浙江、湖南、辽宁的农业维度得分均在 70 分以上，江西农业维度得分为 69.82 分。此前综合得分排名靠前的省份如北京在农业维度的排名靠后，农业得分为 49.94 分，排名第 30 位。天津农业维度得分为 65.27 分，排名第 10 位。上海农业维度得分为 68.27 分，排名第 8 位。这类大城市在农业发展方向不具备优势，农业农村现代化的发力点主要集中在农村和农民现代化。农业维度排名最末尾的 5 个省份依次是云南、北京、陕西、山西、甘肃。

从农村维度来看，排名前五位的省份依次是北京、天津、广东、浙江、福建。北京排名第一，农村维度得分达 97.73 分。天津紧随其后，农村维度得分为 85.88 分。广东的农村维度得分为 85.11 分，排名第 3 位，而其农业维度得分为 64.2 分，农民维度得分为 70.84 分，综合得分为 73.38 分，综合排第 7 位，可见广东的主要优势在于农村现代化，在农业和农民现代化的进程上还有待提升。福建的农村维度得分为 81.94 分，排第 5 位，而其农业维度得分为 62.88 分，农民维度得分为 72.6 分，综合得分为 72.47 分，综合排第 9 位。与广东类似，福建在农村现代化上优势明显，在农业和农民现代化的发展上还需提升。农村维度排名最末尾的省份依次是新疆、黑龙江、湖南、吉林、甘肃。黑龙江在农村维度的得分为59.91 分，排名倒数第 2，但其在农业维度和农民维度的排名均比较靠前，农业维度得分为 69.16 分，农民维度得分为 78.4 分，综合得分为 69.15分，综合排第 13 位。吉林在农业维度和农村维度的排名较靠后，在农民维度排名靠前，综合排第 22 位。

从农民维度来看，排名前五位的省份分别是北京、浙江、天津、上海、江苏。北京农民维度得分为 90.11 分，排名第 1。浙江、江苏、天津、上海的农民维度得分均在 80 分以上。31 个省份中有 20 个省份农民维度得分在 70 分以上。农民维度排名最末尾的省份依次是西藏、甘肃、云南、青海、贵州。这几个落后省份基本都在综合得分较低的西部地区。

（四）主要结论

构建了包含农业、农村、农民三个维度 14 个指标的农业农村现代化评价指标体系，通过设定 2035 年农业农村现代化目标值，采用等权重法，对我国总体和各区域的农业农村现代化发展水平进行了试评估。主要结论有以下三点：

第一，从全国来看，我国农业农村现代化成就显著，整体水平不断提高。自党的十八大以来，脱贫攻坚和全面建成小康社会取得了巨大成就，农业农村现代化的整体水平得到极大飞跃。农业农村现代化综合得分从2013 年的 56.71 分提高到 2019 年的 69.44 分，每年的增长速度约为3.4%。农业、农村、农民三个维度的得分均呈现稳定上升的趋势。农村维度得分的增长幅度相比于农业和农民维度更明显。按照目前的增长速度，我国将在 2035 年之前基本实现农业农村现代化。

第二，从农业、农村、农民三个维度来看，农业传统生产要素面临资源约束瓶颈不容忽视，农村基础设施和公共服务落后，农民增收和缩小城乡差距是未来农业农村现代化进程的重点难点。在农业现代化方面，农业土地产出效率和农业劳动生产效率过低，距离目标值有明显差距。在农村现代化方面，农村生活环境、农村交通状况和农村低保状况目前得分较低，依然是农村现代化的短板弱项，加强农村基础设施建设和公共服务应是未来农业农村现代化发展主攻的方向。在农民现代化方面，农民可支配收入距离目标值依然有很大差距。农民受教育水平、城乡收入差距在过去几年间的增幅小、贡献率低，反映出提升农民教育水平和缩小城乡收入差距是农业农村现代化发展中的难点。

第三，从区域来看，东部地区综合水平最高，高于全国平均水平，中部地区和西部地区农业农村现代化综合水平有显著提升，但地区差距依然明显。东部地区的综合得分为 75.74 分，高于全国平均得分 69.44 分。2013～2019 年中部地区和西部地区的综合得分分别提升了 12.56 分和 11.70 分，增长幅度远高于东部地区和东北地区。近年来，中西部地区农业农村现代化水平不断提高，但地区差距依然明显，东部地区的现代化水平明显高于中西部地区，在各省份综合得分排名中，排名前五位的省份依次是浙江、江苏、北京、天津、上海。由于存在城乡二元结构的影响，城乡收入差距也比较明显，影响了农业农村现代化的全面发展。

四、相关政策建议

（一）加快建立农业农村现代化评价指数

以"强、美、富"和"高、宜、富"的农业农村现代化目标为指引，经过多部门长时间的深入研究，包含农业、农村、农民三个方面的农业农村现代化指标体系已初步构建。要根据数据可得性，加快建立监测评价制度体系，构建农业农村现代化大数据平台，引入第三方开展试评价，在实践中不断优化完善评价指标体系。在构建农业农村现代化指标体系中，要强化底线思维，在中国，不能确保粮食安全的现代化是脆弱的、不可行的；要强化系统思维，农业农村现代化应当是注重产业链和供应链的全链条现代化，也是物质和精神、经济和生态的全面现代化。

（二）加快开展农业全产业链价值核算

农业是国民经济的基础，农业占国民经济比重的下降并不意味着农业重要性的下降。农业不仅具有食品保障功能，而且具有原料供给、就业增收、生态保护、观光休闲、文化传承等多种功能。时代在发展，产业在融合，当前农业经济活动领域正在由传统种植、养殖向加工流通、休闲旅游以及生产性服务拓展。要加快建立农业全产业链价值核算体系，一方面更好体现农业的经济功能和价值；另一方面明确新时期农业现代化的发展方向，在确保国家粮食安全的前提下，通过延长产业链，提升农业价值链，更好地推进农产品加工业、流通业发展，持续强化农业品牌建设。

（三）加快推进农业服务业高质量发展

农业服务业既是现代农业的重要内容，也是我国加快推进农业现代化的一个重要切入点。"大国小农"是我国的基本国情、农情，推进农业现代化，必须解决好小农户和大市场的有效衔接问题。要加强农业社会化服务体系建设，加快推进农业服务业高质量发展，促进传统小农户向现代小农户转变，让小农户共享改革发展成果。

（四）加快补齐农村基础设施和公共服务短板

农村现代化，核心是推进城乡基础设施一体化、城乡公共服务均等化。农村基础设施不足、公共服务落后是农民群众反映最强烈的民生问题，也是城乡发展不平衡、农村发展不充分最直观的体现。要以县域为单位，以城乡融合为重点，加快实施乡村建设行动，继续把公共基础设施建设的重点放在农村，强化农村基本公共服务供给县域统筹，加快补齐农村基础设施建设和公共服务供给短板。

（五）加快缩小城乡居民收入差距

农民现代化最大的问题是城乡居民收入差距过大。农业农村工作，说一千、道一万，增加农民收入是关键。要加快构建促进农民持续较快增收的长效政策机制，强化乡村产业支持，扩大内外就业渠道，深化农村集体产权制度改革，让广大农民在共同富裕的道路上不掉队，有效缩小城乡居民收入差距。

（六）加快农业农村绿色发展转型

绿色发展是农业农村现代化的优势和潜力所在。要深入贯彻习近平生态文明思想，牢固树立"绿水青山就是金山银山"的理念，坚持保护农业农村生态环境就是保护生产力、改善农业农村生态环境就是发展生产力，聚焦"双碳"目标，统筹推进山水林田湖草沙综合治理，打通绿水青山向金山银山转化通道，构建长效运行机制，实现生产生活生态共赢。

（七）加快推进数字乡村建设

数字化是新时期现代化的标志性特征，要加快推进农业农村数字经济发展。以数字技术与农业农村经济深度融合为主攻方向，加快数字技术推广应用，推进农业农村生产经营、管理服务数字化改造，抢占数字农业农村制高点，全面提升农业农村生产智能化、经营网络化、管理高效化、服务便捷化水平，用数字化引领驱动农业农村现代化，让广大农民共享数字经济发展红利。

实践篇

第五章

筑牢发展底线

一、黑龙江省牢牢扛起维护国家粮食安全重任

黑龙江省位于广袤的三江平原和松嫩平原，地处世界著名的"三大黑土带"之一，幅员辽阔、地势平坦、土质肥沃、雨热同季，资源禀赋卓越。作为国家重要的商品粮生产和粮食安全战略基地，黑龙江省粮食播种面积、粮食产量和商品粮出省量均排全国第一。按照习近平总书记粮食生产年年要抓紧，面积、产量不能掉下来，供给、市场不能出问题的重要指示要求，黑龙江省坚守维护国家粮食安全的政治责任。全省近三年粮食总产量均超过 1500 亿斤，占全国粮食总产量的 1/9，其中水稻、大豆、玉米产量分别占全国总产量的 13.7%、47%、14%。

（一）提高政治站位，坚守维护国家粮食安全的重大责任

黑龙江省坚定扛起维护国家粮食安全的政治责任，始终把粮食生产作为头等大事来抓，确保产得好、供得上、调得出，让"中国饭碗"装更

撰稿：黑龙江省农村经济服务与发展研究中心　李伟、陈沫、杨帆
　　　农业农村部农村经济研究中心　谭智心、陈洁

多优质"龙江粮".

一是压实主体责任。落实粮食安全省长责任制，把粮食安全工作纳入市、县经济社会发展考核指标体系。认真落实党政同责要求，层层分解落实粮食生产指标，形成党委统一领导、政府负责、行业部门协调推进的粮食安全党政同责工作机制。

二是稳定基本面积。严守耕地和生态红线，确保耕地面积不减，深入挖掘耕地潜力，遏制耕地"非农化"、防止耕地"非粮化"。截至 2020 年底，全省耕地保有量 2.39 亿亩，其中，永久基本农田 1.67 亿亩。近三年，粮食作物播种面积均保持在 2.1 亿亩以上。

三是强化投入保障。坚决履行国家粮食安全政治责任，落实国家政策资金，加强省级配套投入，持续增加粮食生产投入力度。每年春耕前提前发布强农惠农政策信号，下达耕地地力保护补贴，落实玉米、大豆差异化补贴政策，连续 3 年出台水稻浸种催芽政策。2019 年、2020 年共落实国家产粮大县奖励资金 108.78 亿元，发放粮食生产者补贴资金 507.44 亿元、耕地地力保护补贴资金 223.17 亿元。发挥农业政策性保险的"防护网"作用，2020 年政策性种植业保险共承保 1.3 亿亩，比上年增长8.3%；大灾保险承保 1732 万亩，比上年增长 69%。继续推广"农业大数据+金融"支农模式，发放贷款 304 亿元。这些措施充分调动了市政府、县政府重农抓粮和农民种粮的积极性。

四是科学组织生产。严格执行春耕生产工作制度，把高标准备耕春耕生产作为粮食稳产保供、当好粮食安全"压舱石"的第一场硬仗来打，早谋划、早准备，实行备耕春耕生产"周调度"制度，着力提高备耕质量，力求春耕生产进度快、效果好、标准高。科学有效指导粮食生产，坚持全面开展科技培训，指导农民网上备耕。积极开展备耕春耕金融服务，截至 2021 年第一季度末，全省各金融机构投放备耕春耕贷款 930.82 亿元。

（二）夯实农业基础，保障粮食生产可持续发展

为增强土地产出能力，实现粮食及重要农产品有效供给，黑龙江不断

加强农业基础设施建设，夯实现代农业发展基础，建立粮食生产发展长效机制。

一是强化黑土耕地保护利用。落实第三批国家黑土地保护利用项目190万亩；推广秸秆还田免耕播种技术，落实保护性耕作2300万亩；推进轮耕休耕试点，落实耕地轮作休耕试点面积1298.2万亩；开展化肥减量增效示范，新增测土配方施肥技术面积1000万亩以上；推进化学农药减量，新增田间病虫监测点800个；落实节药喷头补贴，更换节药喷头18万套、安排绿色防控技术示范50余项；探索"田长制"工作方案，设立七级田长，建立耕地保护长效管理机制。

二是推进高标准农田建设。以粮食生产功能区和重要农产品生产保护区为重点，优先建设具有品牌和市场优势的优质农产品基地，把建设高标准农田与发展粮食、蔬菜、中药材、绿色有机食品等优势特色种植有机结合。加快高标准农田智能化建设，搭建农田管理大数据平台，统一上图入库，完善高标准农田建设标准、配套政策，持续开展耕地质量监测评价，推动建立健全高标准农田设施管护机制。截至2020年，累计建成高标准农田8227.4万亩，有效灌溉面积达1958万亩，占耕地面积的比例分别为48.2%和39.2%，耕地土壤有机质平均含量36.2克/公斤，高出全国平均水平1.83倍。

三是增强粮食安全预警能力。健全粮食生产信息、市场信息、供求信息采集系统，提高中长期气候变化对粮食生产影响的分析能力。开展农业自然灾害对粮食生产影响的预测研究，重点研究旱涝、低温、冰雹、台风等突发灾害情况下保障粮食安全的应对策略。健全粮食安全监测预警系统，为国家粮食安全科技创新与宏观调控提供科学依据。

（三）深化供给侧结构性改革，推进粮食生产高质量发展

以增加绿色优质粮食产品供给、促进农民顺畅卖粮增收和提升粮食生产综合效益为重点，实施"质量兴农、绿色兴农、品牌强农"战略，打好寒地黑土、非转基因、绿色有机优势牌，加快推动农业发展由数量型向

质量效益型转变。

一是优化粮食品质结构。适应市场对高质量农产品的需求，积极推广使用优良品种，优化品质结构，增加优质农产品供给。因地制宜推行粮豆轮作，减少普通玉米种植面积，增加高油高淀粉玉米、饲料型专用玉米、鲜食玉米种植面积，扩大绿色水稻、有机水稻面积，增加专业品种大豆种植面积，增加杂粮杂豆等作物面积。2020年，绿色有机水稻种植面积达3345万亩，占水稻总种植面积的57.6%；绿色有机玉米种植面积2067万亩，占玉米总种植面积的25.2%；绿色有机大豆种植面积2224万亩，占大豆总种植面积的30.7%。

二是提高粮食质量效益。推进绿色粮食原料标准化生产基地和有机农业示范基地申报，开展绿色有机食品认证和农产品地理标志登记，全省共有绿色食品标志产品3831个、认证有机农产品600个、农产品地理标志产品达到152个，其中使用绿色食品标志的粮食产品2059个，认证绿色有机的粮食产品440个，认证地理标志的粮食产品52个。农产品质量安全监测合格率稳定在98%以上，农产品高质高效发展，为打造绿色粮仓奠定了坚实基础。

三是强化粮食品牌建设。发挥黑土地非转基因和绿色有机优势，提升"两品一标"品牌社会公信力，突出寒地黑土、绿色有机、非转基因金字招牌，形成一批叫得响、信得过的农业企业品牌，一批优质特色农业品牌通过每年举办国际大米节、农民丰收节进行宣传，尤其是五常大米享誉全球，形成了北大荒、寒地黑土、九三等一大批具有市场知名度、市场美誉度的农产品品牌。

（四）完善农业经营体系，实现粮食生产规模化

坚持家庭经营为基础、统分结合的双层经营体制，积极培育新型农业生产经营主体，优化资源要素配置，发展多种形式的适度规模经营，释放新型经营主体活力。

一是规模经营水平持续提升。通过家庭农场、专业大户、农民专业合

作社、龙头企业的示范带动作用，引导粮农有序实现规模经营。深度把握"农企社"合作内在规律，提升规范化运营水平，形成了"企业+家庭农场""企业+专业合作社+农户""企业+基地+农户"等多元组织形式，互利共赢协同发展。引导有实力的经营主体进行组织重构和资源整合，组建产业联盟体，成为引领小农户和现代农业衔接的重要主力军。2020 年全省新型经营主体突破 20 万个，其中，农民专业合作社 9.5 万家，家庭农场 35 万家；200 亩以上规模经营面积达 1.3 亿亩，占 53.6%。

二是生产托管服务快速发展。解决一家一户小农户经营分散和干不了、干不好的共性问题，创新农业社会化服务，推广"土地托管""代耕代种""联耕联种"等服务模式。2020 年建成农业生产托管服务示范县 20 个、示范乡（镇）100 个，引领农业生产托管服务全面推开。全省现有农业生产托管服务组织 3.2 万个，开展生产托管面积 1.16 亿亩次，其中全程托管面积 650 万亩。据测算，生产托管服务可以使每亩降低成本约 14 元、亩增效 200 元以上。截至 2021 年 4 月底，全省签订全程托管服务合同面积超过 2000 万亩。

图 5-1 黑龙江省粮食规模化生产

三是农村集体产权改革成效逐步显现。在全国率先启动完成农村集体产权制度改革、农村承包地确权登记颁证工作。2020年全省96.7%的农户拿到土地承包确权证，有99.8%的集体经济组织组建了股份经济合作社或经济合作社，共清查出集体经营性资产189.6亿元，确认集体经济组织成员1793.8万人，增加集体积累9.1亿元，进一步巩固了农村家庭经营为基础、统分结合的双层经营体制，为发展乡村产业和规模经营创造了更大空间，现代农业发展张力逐步释放。

（五）提升农业物质装备水平，当好农业现代化"排头兵"

推动农业科技创新，提升农业物质装备水平，用现代科学技术服务农业，用现代物质装备武装农业，为国家粮食安全保驾护航。

一是加大投入农业设施装备。以合作社、家庭农场、大户为重点，推进农业设施装备向多样化、高端化、智能化深度融合。2020年全省建成农机合作社1481个，拖拉机保有量达161.5万台，农业机械总动力6360.36千瓦，2019年农业劳动生产率为5.48万元/人，高出全国1.86万元/人的平均水平。农作物耕种收综合机械化率为98%，比全国平均水平高28个百分点，主要农作物基本实现全程机械化作业。北大荒农垦集团拥有全国耕地规模最大、现代化程度最高、综合生产能力最强的国有农场群，农垦机械装备达国际先进水平，成为我国农业现代化示范窗口。

二是积极推广先进农业生产技术。以提升粮食质量和单产为目标，重点推广优质水稻、玉米、大豆优良品种，主要农作物良种覆盖率达100%。着力推进耕地保护与综合利用技术、水资源高效利用与水肥一体化施用技术，强化粮食不同品种的栽培技术集成，实行粮食品种的"高产、高效、安全、标准化"栽培技术规程，农业科技进步贡献率超过68%。

三是稳步发展数字农业。加强农业大数据硬件支撑环境建设，保障网络宽带和数据交换共享，确保网络安全和数据安全，升级物联网平台数据接入能力。推进农业数据资源整合，建立全省统一的农业大数据共享平台。重点建设 10 个省级数字农业示范县，在北大荒农垦集团建三江分公司建设超千亩智慧农机示范农场 2 个，建设国家数字乡村试点县 4 个和"互联网+"农产品出村进城试点县 3 个，促进粮食产销顺畅衔接、优质优价。加强益农信息社规范建设，县级中心社覆盖率达 100%。

二、吉林省狠抓现代农业"三大体系"建设

粮食安全事关国计民生和社会稳定。吉林作为农业大省、粮食大省，坚决贯彻落实国家粮食安全战略，始终牢记扛稳国家粮食安全政治责任，毫不放松抓好粮食生产，以建设现代农业产业体系、生产体系、经营体系为抓手，持续发力、久久为功，粮食综合生产能力不断提高。2020 年粮食总产量达 760.6 亿斤，连续 8 年稳定在 700 亿斤以上，人均占有量、商品率、调出量多年位居全国前列，为保障国家粮食安全做出了吉林贡献。

（一）抓基础促进生产体系巩固提升，提高粮食综合生产能力

围绕如何把"藏粮于地、藏粮于技"落实落地，着力稳定增加粮食播种面积，保护好利用好黑土地这个"耕地中的大熊猫"，抓好种子这个农业"芯片"，强化科技支撑，不断夯实粮食丰产丰收的基础。

一是确保粮食播种面积稳定增加。坚持把稳面积作为保产量的前提。及时分解下达粮食播种面积指导性计划，并将落实情况纳入粮食安全责任制考核，2021 年下达计划 8570 万亩，比上年增加 47.3 万亩，超出国家任务 20 万亩。每年根据种粮需要发布主推技术和主导品种，组织筹措备春耕资金物资，提前做好农机具和防灾减灾准备，成立备春耕指导服务组

撰稿：中共吉林省委农办/省农业农村厅　靳利民、赵春雨、孙志江
农业农村部农村经济研究中心　吴天龙

和农机安全监管工作组深入各地服务督导，2021 年省政府派出 168 支农业科技小分队、460 名农业科技专家开展科技培训和现场指导服务，全力打好备春耕生产第一仗，为夺取全年粮食生产好收成奠定坚实基础。

二是千方百计养好用好土地。吉林省拥有典型黑土区面积 0.69 亿亩，占全省耕地面积的 65.5%，粮食产量的 80% 来自黑土地。在开垦 60 年后，黑土层平均厚度只有 30 厘米。如何让这得天独厚、集中连片的黑土地永续利用，一直是亟待破解的难题。吉林省坚持把保护黑土地作为落实"藏粮于地"的关键，综合采用工程、农艺、生物、科技等措施，推动数量、质量、生态三位一体保护，有效遏制黑土地质量下降趋势。①强化制度支撑。制定我国第一部黑土地保护条例，出台加强黑土地保护实施意见，建立多部门合力保护机制，推动人才、资金、项目、政策向黑土地保护聚集。聘请 4 名院士在内的 27 名专家学者组建黑土地保护专家委员会，强化黑土地保护的智力支持。设立黑土地重大科研专项资金，申建黑土地国家重点实验室，筹建东北黑土地研究院，建设省级重点实验室、省级工程研究中心，加快关键核心技术攻关。②开展"黑土粮仓"科技会战。与中科院共同实施"黑土粮仓"科技会战，建设 3 个万亩核心示范基地，推进科创平台建设，为黑土地保护注入科技动力。③推广保护性耕作。把保护性耕作作为黑土地保护首推重大技术，制定"保护性耕作技术规范"，研发全国第一台牵引式重型免耕播种机。2020 年对实施保护性耕作每亩补贴 40 元，完成作业 1852 万亩，今年全省保护性耕作整体推进县由 8 个扩大到 15 个，高标准示范应用基地由 30 个增加到 60 个，面积扩大到 2800 万亩。④抓好黑土地保护试点示范。构建东部固土保肥、中部提质增肥、西部改良培肥的保护路径，示范推广秸秆覆盖还田保护性耕作、秸秆深翻还田、水肥一体化技术等十大黑土地保护模式，2020 年在 9 个县开展黑土地保护试点，实施面积 240 万亩。梨树县通过大力推广保护性耕作技术，耕地土壤有机质 5 年增加了 20%，探索形成黑土地保护"梨树模式"。⑤推动高标准农田建设。优先在粮食生产功能区和重要农产品保护区开展农田综合设施建设，推进田水路林等综合配套，实施差异化投资，创建一批高标准农田示范区。探索利用农田建设新增耕地指标交易和土地出让收益，发行高标准农田专项债券，不断提高建设标准和建设覆盖面。累计建设高标准农田 4000 万亩，占粮食播种面积近 50%。⑥持续开展质量监测。建设全省耕地质量大数据平台，不断充实完善耕地质量数据，累计建立各类监测站点 1.2 万个、标准化数据库 49 个。

图 5-2 吉林市东福米业有机水稻生产基地

三是加快发展现代种业。吉林省出台《关于大力推进现代种业创新发展的意见》，积极实施"五大行动"，加快推进种业发展。①加强种质资源保护。出台《吉林省人民政府办公厅关于加强农业种质资源保护与利用的实施意见》，开展第三次全国农作物种质资源普查与收集行动。全省建有各类种质资源库（场、区、圃）83 个，现保存各类作物种质资源 5.8 万余份。②加强育种科技创新。全省建有玉米、水稻、大豆 3 个国家级育种创新中心，7 个国家重点实验室，10 余个新品种展示示范基地和 1 个省级新品种区域试验站。拥有农业科研院所和种子企业等 53 个育种科研创新团队；南繁科研育种面积合计近 6000 亩，21 家企业在海南建立育种试验站。"十三五"期间，共选育通过省审和国审的主要农作物新品种

941 个。良种覆盖率达 100%、对粮食增产贡献率达 45%。③加强种业企业培育。与省农担公司合作实施了"强种贷"项目，积极扶持种业企业发展壮大。目前全省持有效经营许可证种子企业发展到 304 家，种子经营门店 5260 家。有效运营的"育繁推一体化"企业 6 家。④加强制种基地建设。以规模化、机械化、标准化、集约化和信息化为标准，积极加强洮南市国家玉米制种基地建设，同时帮助种子企业在新疆、甘肃等地协调制种基地，确保省内外种子生产基地面积长期稳定在 40 万亩左右，年种子生产加工能力达 3 亿多斤。从供需情况来看，吉林省外销种子量大于内购种子量，主要销往黑龙江、内蒙古、辽宁等省份。⑤加强种子市场监管。省、市（州）设立相应的种业管理处（科）和站、综合执法局（队）；45 个县（市、区）建立农业行政综合执法大队。建立省市县三级农作物种子检测机构 15 个，年检测样品约 2.5 万份，每年开展海南农作物种子田间真实性鉴定 300 余份。每年持续开展春季种子市场检查、夏季制种基地检查、秋季种子入库检查、冬季企业生产经营检查，严厉打击制假售假、套牌侵权等违法行为。

四是强化科技支撑能力。着力加强农业与科技融合，推进良技良机良法集成配套应用，让农民用最好的技术种出最好的粮食，全省农业科技进步贡献率突破 60%。①加大技术集成推广力度。适时组织编写《吉林省主导品种和主推技术指导手册》，优选主导品种 103 个、主推技术 41 项。建立高标准旱作节水农业示范区 5 个，示范推广浅埋滴灌、水肥一体化、地膜减量增效、抗旱抗逆、抗旱坐水种 5 种旱作节水技术。推动双阳区数字农业试点建设，集成农机作业监测、农产品线上对接、农资直购、土地流转管理等功能。②加大全程农机化整省推进力度。实施粮食生产全程机械化整省推进行动，建成全省农业机械化智慧云平台，创建国家级全程机械化示范县 28 个，长春、四平、辽源被确定为全国率先基本实现主要农作物生产全程机械化示范市。实施"敞开、普惠"的农机购置补贴政策，重点支持粮食生产薄弱环节、绿色高效机械装备推广应用。2020 年农作物耕种收综合机械化水平 91%，比上年提高 1.8 个百分点，超过全国平均水平 20 个百分点。③加大防灾减灾措施落实力度。加强干旱、洪涝、台风等气象灾害的科学监测、精准预测、有效防范。实施大中型灌区续建配套及现代化节水改造工程，不断提高小农水项目投资规模，抗旱播种面积扩大到2500万亩，基本覆盖西部易旱地区。面对草地贪夜蛾北迁的严重态势，成立应急防控指挥部，落实统防统治和联防联控措施，组织全省各地开展防控演练，在与辽宁、内蒙古接壤13个县份加密监测点、全面建立阻隔带，实现高空测报灯、太阳能自动虫情测报灯县域全覆盖，草地贪夜蛾性诱捕器行政村全覆盖。全面加强粘虫、蝗虫、草地螟、玉米螟等迁飞性暴食性害虫监测预警，做到应防尽防。

（二）抓主体促进经营体系创新发展，提高粮食生产整体效率

聚焦谁来种地、怎么种地、如何种好地，推动家庭农场、农民合作社等新型农业经营主体高质量发展，因地制宜探索利益联结机制，促进小农户融入现代农业，规范发展农业生产托管服务，提高粮食生产综合效率。

一是加快培育新型农业经营主体。①实施家庭农场培育计划。健全家庭农场名录，把符合条件的种养大户、专业大户纳入家庭农场范围。在榆树、敦化等10个县开展家庭农场示范县创建活动，创建县级以上示范家庭农场3000家以上。推动组建家庭农场联盟，完善与龙头企业、社会化服务组织的利益联结机制。全省家庭农场发展到14.6万户，比2015年增长4.3倍。②开展农民合作社质量提升行动。深入开展四级示范社联创，扶持发展一批联合社，在双阳、九台、东辽、公主岭、靖宇5个县（市、区）全国农民合作社质量提升整县试点，扩大合作社经营规模和综合实力。全省农民合作社发展到8.4万户，农户入社率达41%。③实施高素质农民培育工程。完善教育培训、规范管理和政策扶持"三位一体"的教育培训体系，加强与大中专院校协作，联合开展农民学历培训，先后组织22批共433名新型农业经营主体带头人赴日本、法国、韩国、荷兰等国家培训，年培训高素质农民2.5万人次。

二是发展多种形式适度规模经营。建立覆盖县乡的土地流转交易平

台，推广生产托管、土地入股、代耕代种等多种经营模式。建立农业生产社会化服务组织名录库，推进 11 个县（市、区）农业生产社会化服务机制创新试点，扶持新型农业经营主体农机装备建设，培育全程机械化经营主体 662 个，基本实现"一乡一主体"，示范带动规模化集约化经营。2020 年流转面积达家庭承包面积的 48.7%，生产托管服务面积近 6000 万亩次。

三是加快完善社会化服务体系。开展农业社会化服务机制创新和综合平台建设试点，推动公益性、盈利性服务组织融合互促，支持引导农民合作社、供销合作社、农业专业服务公司和村级组织，领办创办社会化服务组织，把小农户融入现代农业产业链，提升粮食生产组织化、集约化、社会化水平。推动现代农业技术服务中心建设，采取"公司+合作社+农户"的模式，开展技术托管、农机租赁、飞防作业、仓储销售、信贷融资等全程社会化服务。全省 1.8 万个农业生产社会化服务组织为小农户的服务约占服务总量的 76%。

（三）抓转化促进产业体系优化升级，提高粮食生产经济效益

产业兴旺是解决农村一切问题的基础。我们充分发挥粮食资源优势，着力做好"粮头食尾""农头工尾"文章，促进农村一二三产业融合发展，带动农民持续增收致富。

一是培育壮大农产品加工业。重点打造玉米水稻、杂粮杂豆、肉牛肉羊、生猪、禽蛋、乳品等十大产业集群，设立十个群长，推动产业集群全链条发展。推行"龙头企业+基地+合作社+农户"等产业化经营模式，把农产品加工企业缴纳增值税省级分享增量部分奖补给县（市），主要粮食作物加工转化率达 60% 以上，切实把产业链主体留在乡村、把价值链收益留给农民。突出抓好"秸秆变肉"工程，2020 年全省饲料化利用秸秆 750 万吨，占秸秆总量 18.8%。

二是深入推进优质粮食工程。推动绿色农业发展，建设绿色食品原料

标准化生产基地 24 个，玉米高产、优质品种面积推广近 5000 万亩，占比为 81%，水稻优质品种基本实现全覆盖。有效使用绿色、有机和地理标志农产品标志 1382 个，比"十二五"末期增长 184%。主要粮食作物农残和重金属检测合格率达 100%。实施化肥农药减量增效行动，开展有机肥替代试点，大力推广生物防治、统防统治等绿色防控技术，化肥农药利用率保持在 40% 以上。推进农业标准化生产。开展标准化示范推广项目建设，支持"标准化+"新型经营主体，推进各类经营主体发展标准化生产，建设省级安全优质绿色农业标准化生产示范基地 10 个。

图 5-3　梨树县百万亩绿色食品玉米标准化基地核心区

三是精心打造"吉字号"农产品品牌。建立农产品品牌联席会议制度，着力打造吉林玉米、吉林大米、吉林杂粮杂豆区域公用品牌，擦亮"黄金、白金、彩金"三张吉粮名片，扩大"吉字号"知名度和市场竞争力。创建粮食公共区域品牌 25 个，"吉林大米"入选新华社"民族品牌工程"，水稻市场平均收购价始终高于国家最低收购价，每年带动农民增收10亿元以上。实施"互联网+"农产品出村进城工程，突出农产品生产、标准、物流、网络销售"四大体系"建设，带动农产品出村进城便捷、顺畅、高效，及时将区域公用品牌、企业品牌、产品品牌录入吉林省农业品牌名录。

（四）抓创新促进体制机制健全，为扛稳粮食安全责任保驾护航

坚持全省一盘棋，强化组织领导，完善工作机制，务实工作举措，确保粮食安全工作取得扎实成效。

一是完善组织领导推动机制。建立省粮食安全工作暨黑土地保护工作领导小组，省委书记、省长任双组长，主管副省长任办公室主任，全面落实粮食安全党政同责，加强对黑土地这一耕地中的"大熊猫"的保护。

二是健全政策保障机制。省委、省政府围绕扛稳维护国家粮食安全重任，出台一系列政策措施，政策支撑体系不断完善。制定加强粮食生产的若干措施，在保面积、夯基础、强科技、提品质等10个方面明确30条具体举措，确定正常年景下粮食产量稳定在760亿斤以上、向800亿斤迈进，为国家多产粮、产好粮。制定加强黑土地保护实施意见，对分区施策、综合治理、统筹推进黑土地保护工作作出安排部署。制定加快现代种业发展政策措施，扩大种业专项资金和发展基金规模，支持"育繁推"一体化种业企业发展，加快打造现代种业创新高地。制定加快农产品加工业和食品产业发展意见，重点打造十大产业集群，在资金、税费减免、用地、用电、人才等方面给予支持，力争用5~10年时间使农业及农产品加工、食品产业接近万亿级规模。

三是构建考核激励机制。开展乡村振兴战略实绩考核，将考核结果作为领导干部综合评价、奖励评优和乡村振兴项目资金分配的重要依据。持续开展县域经济振兴发展考核，推动县域综合实力整体提升。设立产粮大县奖励资金，设立5亿元产粮大县奖励资金，实行国家和省级叠加奖补，

对前 10 名产粮大县给予奖补支持，高标准农田建设项目资金每年拿出 40%优先支持产粮大县。建立黑土地保护考核和奖励机制，制定黑土地保护目标责任制考核评价办法，推动制定黑土地保护先进集体和模范带头人表彰奖励措施，按有关规定组织开展表彰奖励。

三、河南省在粮食生产高基点上取得新突破

河南是粮食生产大省，粮食产量占全国的 1/10，居全国第二位，小麦产量占全国的 1/4，连续多年居全国第一。近年来，河南始终坚持把粮食生产摆在重中之重的位置，努力让国人的饭碗装上更多优质河南粮，为保障国家粮食安全做出了应有贡献。2020 年，全省粮食总产达 1365.2 亿斤，单产达 423.8 公斤，单产和总产均创历史新高，在高基点上实现粮食生产新突破，自 2004 年以来粮食生产连续 17 年实现丰收。

（一）牢记习近平总书记嘱托，坚定不移抓好粮食生产

一是夯实抓粮责任强担当。坚持党委统一领导、政府负责、农业农村部门统筹协调的领导机制，始终把抓好粮食生产作为重大政治任务，摆在"三农"工作的首位，在要素配置上优先满足，在资金投入上优先保障，在公共服务上优先安排。强化各级党委抓好粮食生产的领导责任，持续打好粮食生产这张王牌，在提高粮食生产能力上开辟新途径、挖掘新空间、培育新优势、取得新突破。自 2004 年以来，省委连续印发一号文件，每年召开省委农村工作会议、全省农业工作会议，重点安排部署粮食生产工作。

二是完善政策机制增动力。持续增强粮食生产的政策动力，探索建立

撰稿：河南省农业农村厅 杨亚军
农业农村部农村经济研究中心 姜楠

粮食生产稳定发展长效机制，编制《新时期河南粮食生产核心区建设规划》，加大对产粮大县财政转移支付和奖补力度，不折不扣落实各项强农惠农政策，充分调动了地方抓粮、农民种粮的积极性。仅 2020 年就向产粮大县发放奖补资金 38.3 亿元，向农民发放耕地地力保护补贴资金 106.5 亿元、农机购置补贴资金 13.6 亿元；安排农田建设省级补助 15.7 亿元、现代农业产业园建设资金 2.96 亿元。

三是营造浓厚氛围稳面积。营造全社会"重粮抓粮"的浓厚氛围，组织开展超级产粮大县、农田水利基本建设"红旗渠精神杯"、农牧渔业丰收奖等竞赛评选活动，对粮食生产先进县市、科研单位、龙头企业、农民合作社、种粮大户和科技工作人员进行表彰奖励，激励引导各地种足种好粮食作物，为稳步提升粮食综合产能奠定坚实基础。"十三五"期间，河南粮食种植面积持续稳定在 1.6 亿亩以上，占全省农作物总面积的 72%以上。

（二）坚持不懈推动藏粮于地，筑牢粮食产能提升基础

一是保护与提升并重推进耕地质量建设。严格落实永久基本农田特殊保护制度和耕地占补平衡制度，实行管控性保护、约束性保护、补救性保护、倒逼性保护、惩戒性保护等多重保护措施，确保耕地面积稳定在 1.2 亿亩以上，基本农田稳定在 1.02 亿亩以上。把提升耕地质量作为保护耕地的关键性举措，大力开展退化耕地综合治理、污染耕地阻控修复、土壤肥力保护提升等，把更多的"望天田"变成"高产田"。

二是新建与巩固并重推进高标准农田建设。立足打造全国重要的粮食生产核心区这一目标和任务，率先在全国开展大规模的高标准农田建设，整合项目资金，统一建设标准，集中连片开发；颁布实施保护条例，推进依法投入、依法建设、依法管护。全省累计建成高标准农田 6910 万亩，平均每亩耕地提升粮食产能 150 斤。启动新一轮高标准农田建设，巩固提升已建高标准农田，以县为单位整建制推进，力争到 2025 年全省高标准农田总面积达 8000 万亩。

图 5-4　河南省高标准农田建设

三是打通与疏通并重推进农田水利建设。把水利作为粮食生产的生命线，统筹实施水资源高效利用、水生态系统修复、水环境综合治理、水灾害科学防治"四水同治"，启动小浪底南岸灌区、小浪底北岸灌区、大别山革命老区引淮供水灌溉等重大水利工程建设，推进大中型灌区续建配套与节水改造，着力打通"大动脉"，疏通"毛细血管"。目前，全省耕地有效灌溉面积 8179 万亩，高效节水灌溉面积 2450 万亩。

（三）强化创新推动藏粮于技，积极走内涵式发展道路

一是加快良种选育推广。立足打造种业高地，启动国家生物育种中心建设，大力实施现代种业提升工程，加强种质资源创新、分子育种等先进技术研究应用，提升种业企业育繁推一体化能力，加快高产、优质、抗逆新品种选育推广，小麦、玉米等育种创新全国领先，培育形成了以百农、郑麦、周麦、温麦、新麦为代表的优质小麦系列，郑麦 9023、矮抗 58 获得国家科技进步一等奖，小麦品种更新换代时间由 8 年缩短到 5 年，全省良种覆盖率持续稳定在 98% 以上。

二是强化科研创新应用。持续实施农业科技创新提升行动，统筹各类

农业科技资源，建立大联合、大合作的农业科技发展新机制。建设 26 个国家级和省级重点实验室、225 个工程技术研究中心、31 个产业技术创新战略联盟，协同开展农业科技联合攻关。加强农技推广体系建设，构建 13 个现代农业产业技术体系，建成 1031 个基层农技推广区域站，集成推广了一大批先进农业技术。全省农业科技进步贡献率达 63.3%，单产对增产的贡献率达 85%。

三是提升农机装备水平。组建国家农机装备创新中心，创新研发出智能无人驾驶拖拉机、超大马力无级变速轮式拖拉机等，为 2 万多台农机安装北斗星远程控制系统，实时掌握农机作业的轨迹、面积、位置等信息。加快大中型农机、智能化农机、复合型农机推广应用，推动农机化向全程、全面、高质、高效升级。目前，全省主要农作物耕、种、收综合机械化率达 85.3%，小麦、玉米生产基本实现全程机械化。

（四）立足抗灾减灾夺丰收，狠抓粮食生产全程管理

一是精准开展生产管理。针对近年来农业生产自然灾害多发频发重发的不利形势，每年"三夏""三秋"和春季管理期间，省委、省政府及早部署、科学组织、统筹调度，农业农村、农机、公安、交通、气象、石油石化等部门通力合作，集中会战，打好打赢种、管、收"三场硬仗"。科学制定技术指导意见，组织省市县三级农业技术人员进村入户，指导农民因苗因地施策，开展全过程精准管理。

二是严密防控重大病虫害。坚持以防为主、综合防控，大力开展重大病虫害统防统治和群防群治。特别是针对近两年小麦赤霉病暴发流行风险高的不利形势，省委、省政府多次专题作出安排部署，每年安排财政专项资金近 2 亿元，以豫南 6 市 36 个县为重点，带动全省各级每年投入资金 4 亿元以上，大规模组织开展赤霉病防控，有效遏制了赤霉病在全省范围内暴发流行，为全省夏粮生产在高基点上实现新突破提供了有力保证。

图 5-5　重大病虫害防控

三是合力抓好防灾减灾。树牢"减灾就是增产"理念，建立党委领导、政府组织、部门协作、上下联动的防灾减灾机制，实现提前预警、科学应对、快速处置。针对近年来"倒春寒"、高温、干旱、洪涝等自然灾害多发频发的情况，在灾害发生前提前发布预警信息，指导农民科学防灾减灾；灾害发生后，加强灾情调度分析，积极申请救灾资金，帮助农民恢复生产。同时，推动农业保险"扩面、增品、提标"，最大限度减少自然灾害造成的粮食生产损失。

（五）构建新型农业经营体系，不断激发粮食生产活力

一是培育壮大新型农业经营主体。以解决"谁来种粮"为导向，强化新型农业经营主体在发展现代农业中的主力军作用，围绕财政税收、金融保险、基础设施、用地用电、人才培养、流通营销等，构建支持新型农业经营主体发展的政策体系。突出抓好家庭农场和农民专业合作社两类农业经营主体发展，全省培育发展各类新型农业经营主体 44.1 万家，其中，

农民专业合作社 19.1 万家。

二是积极发展适度规模经营。巩固农村基本经营制度，全面完成农村承包土地确权登记颁证，保证第二轮土地承包到期后再延长 30 年政策顺利实施。探索农村承包土地确权成果在"三权分置"改革方面的运用，采取转包、出租、互换、转让、入股等方式，服务引导农民流转承包土地，发展多种形式的适度规模经营。目前，全省 95% 的乡镇成立土地流转服务组织，土地适度规模经营面积占农村家庭承包经营面积的比重超过 60%。

三是加快发展农业社会化服务。整合农业类公共资源，吸纳基层供销社、农民专业合作社、农业生产性服务组织等，按照"服务半径 3 公里、服务面积 4 万~5 万亩"标准，建设乡镇农业社会化综合服务中心。大力培育各类专业化市场化服务组织，积极开展农资供应、生产管理、产品销售等多元化、全过程服务，促进小农户与现代农业发展有机衔接。目前，农业社会化服务组织达 11.07 万家，服务小农户总数达 1523.7 万户，农民种粮实现从"挥汗如雨"到"点单种田"转变。

（六）依托优势加快"三链同构"，提升粮食核心竞争力

一是发展优质专用小麦提升价值链。深入推进农业供给侧结构性改革，以粮为基提质增效，大力发展强筋、弱筋优质专用小麦，持续推进优质专用小麦布局区域化、经营规模化、生产标准化、发展产业化和专种、专收、专储、专用，不断提升小麦生产价值链，加快推动粮食产业转型升级。目前，全省优质专用小麦发展到 1533 万亩，占小麦种植面积的 18%，收购价格每斤较普通小麦高出 0.1 元左右。

二是发展食品加工业延伸产业链。坚持"粮头食尾""农头工尾"，实施农业产业化集群培育工程和主食产业化工程，大力发展粮食加工业，培育形成了三全、思念、白象等一批在全国叫得响的本土品牌，同时，引进一批国内外知名粮食加工企业在河南投资建厂。2020 年，全省规模以上粮食加工企业达 1266 家，实现营业收入 2317.5 亿元，生产了全国 1/3

的方便面、1/4 的馒头、3/5 的汤圆、7/10 的水饺，"国人粮仓"日益成为"国人厨房"，不断迈向"世人餐桌"。

三是推动产业融合发展打造供应链。以优质粮生产基地为依托，大力开展订单生产，中粮集团、茅台集团、益海嘉里、五得利等大型企业均与河南签订长期购销合同。以现代农业产业园建设为重要载体，围绕粮食生产、加工、仓储、物流、销售等全产业链，推动一二三产业融合发展，成功创建温县、延津小麦国家级现代农业产业园。开展豫沪、豫苏、豫浙等战略合作，推动河南优质农产品"走出去"，提高河南粮食品牌知名度和影响力。

四、四川省巩固拓展脱贫攻坚成果

四川省经过八年的奋战，到 2020 年底，如期实现 625 万农村贫困人口脱贫、11501 个贫困村出列、88 个贫困县摘帽，脱贫攻坚战取得全面胜利，书写了中国减贫奇迹的四川篇章。中央要求，设立 5 年过渡期，接续巩固拓展脱贫攻坚成果，实现同乡村振兴有效衔接。四川省委、省政府提高政治站位，科学谋划，统筹部署，坚持把巩固拓展脱贫攻坚成果作为头等大事，把推进同乡村振兴有效衔接作为紧迫任务，采取有效措施，确保在任何情况、任何时候都不发生规模性返贫，为全面推进乡村振兴打下坚实基础。

（一）守底线，健全机制抓巩固

胜非其难也，持之者其难也。四川清醒认识到，打赢脱贫攻坚战，只是解决了"两不愁三保障"，高质量巩固拓展成果、推进有效衔接的任务更重、难度更大，必须坚持问题导向，科学研判形势，准确掌握一线情

撰稿：四川省乡村振兴局　张兵、熊素华、吕游、董乾生、蔡彬

况，因地制宜精准施策。四川省创新出台《健全防止返贫动态监测和帮扶机制办法（试行）》，坚决守住不发生规模性返贫底线。

一是全覆盖摸清底数、掌握实情。四川将脱贫人口、农村低收入人口全部列为监测重点，运用大数据平台，采取农户自主申报、基层干部摸排、部门筛查预警等方法，"从上到下、自下而上"强化动态监测。重点对脱贫不稳定户、边缘易致贫户、突发严重困难户进行拉网式、全覆盖摸底。全省在识别监测对象7.8万户25.6万人的基础上，采用"分析研判、信息核实、评议公示、复查审核、部门比对、县级审定、公告录入"七步工作法，通过集中排查，新增监测对象1.0万户3.5万人。全面搞清楚脱贫人口、农村低收入人口、易地搬迁农户等重点群体的生活水平和主要困难，建立细化台账，分门别类列出返贫致贫原因、需要采取的帮扶措施，做到对象清楚、心中有数。

二是全方位排查风险、找准变量。在面上，重点对水旱、气象、地灾等自然灾害，新冠肺炎疫情等重大突发公共卫生事件，以及大宗农副产品价格大幅下跌、农村劳动力规模性失业、乡村产业项目失败、家庭收支出现重大变化等方面开展风险点排查。在点上，对凉山彝族自治州的集中安置点搬迁人口稳不住、适龄儿童辍学反弹、自发搬迁等风险点开展逐项排查，对涉藏地区的地质灾害、包虫病等地方病致贫风险点进行全面排查。2021年，全省21个市（州）共组织30.5万人（次），综合采取"集中排查、自主申报、日常摸排、部门推送、关联监测"五大排查方式，各级行业部门共找到风险变量线索42万余条，农户自主申报以及新闻媒体、政务信箱、公共网络等渠道反映风险信息1.3万余条，并逐项提出预警指标，科学制定应急预案，做到变量早应对、风险早排除。

三是全过程系统管理、精准帮扶。严格落实"四个不摘"政策要求，着力解决"三类"监测对象的"两不愁三保障"突出问题。持续用好产业就业帮扶政策，在外出务工、公益性岗位、以工代赈、产业扶持等方面优先对监测对象倾斜支持，实现稳定增收。继续落实家庭经济困难学生资助政策和民族地区教育帮扶政策。统筹发挥基本医疗保险、大病保险、医疗救助制度综合梯次减负功能，通过农村危房改造、灾后重建等方式，提升监测对象基本住房安全保障水平。鼓励各地因地制宜设立防止返贫专项基金，探索建立防止返贫保险机制。为每户监测对象配备 1 名监测联系人，按照"缺什么补什么"原则，实施精准帮扶。突出抓好 200 人以上的易地扶贫搬迁安置点搬迁对象后续帮扶，选派第一书记和帮扶干部驻点帮扶，提高搬迁人口发展生产、务工就业组织化程度，坚决防止因搬迁而返贫、致贫。

（二）提质量，突出重点抓拓展

巩固拓展脱贫成果、推进有效衔接，既要着眼于"守底线"，也要着眼于"提质量"。四川省聚焦重点区域、重点领域、重点环节，因地制宜、精准发力，强筋壮骨、固本培元，努力让脱贫基础更加稳固、成效更可持续。

一是突出重点区域帮扶，着力消除拓展成果的"堵点"。立足全面消除区域发展不平衡问题，从重点县、重点村入手，抓重点带一般。突出抓好乡村振兴重点县帮扶，在 25 个国家乡村振兴重点帮扶县的基础上，确定了 25 个省级乡村振兴重点帮扶县；拟制支持重点帮扶县实施意见，从财政资金、产业发展、土地政策、税收金融、干部人才等方面拿出"真金白银"，给予优先保障、特殊支持，特别是专门给凉山彝族自治州开"小灶"，量身订制了 9 个方面 25 条特殊支持措施，支持其巩固拓展脱贫攻坚成果。突出抓好乡村振兴重点村帮扶，拟制指导意见，指导全省 21 个市（州）结合实际主要从脱贫村中确定一批乡村振兴重点帮扶村，综合调配资金、信息、技术、人才等资源进行集中支持。

二是突出重点领域帮扶，着力厚植拓展成果的"基础"。下大力气接续做好脱贫地区产业帮扶、就业促进"两篇文章"。在产业帮扶方面，全省围绕现代农业产业体系，以建设现代农业园区为主攻方向，以利益联结为保障，培育壮大特色产业，大力推进"一村一品""一乡一业""一县一特"。全省培育认定新型经营主体 36503 个、扶贫龙头企业 903 家，带动 60 余万户脱贫户增收。加大消费帮扶力度，继续发挥好全国首创的

"四川扶贫"公益品牌作用，有力带动脱贫地区生态、绿色、优质农产品从"藏在深山无人问"到"一展成名天下知"的华丽蝶变，2021年上半年全省帮助脱贫地区销售产品45亿元。在就业帮扶方面，坚持就地就近和外出转移就业两手抓，建立省、市、县、乡、村五级稳岗就业工作专班，完善县乡村三级务工台账，加大东西部劳务协作，春节期间对外出务工人员提供"点对点""一站式"直达运输服务，确保稳存量、扩增量、提质量。2021年上半年全省脱贫人口务工达222.68万人，边缘易致贫人口务工达1.73万人，实现"一人就业增收、全家稳定脱贫"。

图 5-6　凉山彝族自治州昭觉县易地扶贫搬迁集中安置点北城乡沐恩邸社区举行就业服务专场招聘会

三是突出重点环节帮扶，着力增强拓展成果的"后劲"。"十三五"期间，四川省易地扶贫搬迁规模全国第二，累计搬迁136万人，200人以上的集中安置点有317个、800人以上的大型安置点有33个。四川省紧抓做好易地扶贫搬迁"后半篇"文章，从构建系统性后续扶持政策体系入手，以集中安置点为重点，统筹推进"增收、配套、治理"三项重点。综合运用技能培训、发展特色农林业、发展劳务经济、发展现代服务业、开发公益性岗位、资产收益帮扶等措施，帮助每户搬迁群众都有增收门路；统筹建好安置点的道路、用电、饮水、学校、卫生院（所）等配套设施，在 800 人以上的大型安置区都集中配套了物流、超市、农贸市场等设施，让搬迁群众逐步享受到了城镇一般的公共服务；以党建引领推进网格化社区治理，以住房不动产产权登记为突破口加强搬迁群众权益保障，以移风易俗为抓手提升社区社会文明程度。

（三）促转型，统筹推进抓衔接

自 2019 年以来，四川省为重塑乡村经济和治理版图、夯实基层基础，实施了全省乡镇行政区划和村级建制调整两项重大基础性改革，全省乡镇（街道）减少 1509 个，减幅 32.7%，建制村减少 18429 个，减幅 40.6%，脱贫村减少 2140 个，减幅 18.6%。结合以优化资源配置、提升发展质量、增强服务能力、提高治理效能为重点的两项改革"后半篇"文章，统筹推进脱贫攻坚与乡村振兴在政策、机制、规划、力量的有效衔接、无缝对接，逐步实现由集中资源支持脱贫攻坚向全面推进乡村振兴平稳过渡，推动"三农"工作重心历史性转移。

一是突出顶层设计，抓实政策衔接。严格落实"四个不摘"要求，过渡期内保持主要帮扶政策总体稳定。分类确定一批需要接续的、完善的、调整的支持政策，合理把握政策调整的节奏、力度、时限，确保政策连续性、避免"急刹车"。目前，全省正积极构建以巩固拓展脱贫攻坚成果同乡村振兴有效衔接《实施意见》和系列支持政策或工作方案为"四梁八柱"的"1+N"有效衔接政策体系、工作体系、制度体系，现已推动出台各类政策文件 17 个，涉及衔接资金、特色产业、易地扶贫搬迁后续扶持、帮扶机制等方面，还将陆续出台政策文件 20 余个，给脱贫地区和脱贫群众吃上"定心丸"。

二是强化工作保障，抓实机制衔接。在领导机制上，继续执行"中央统筹、省负总责、市县乡抓落实"的工作机制，五级书记抓脱贫转向抓有效衔接，持续强化领导力、组织力和执行力。在投入机制上，始终保持财政投入力度总体稳定，进一步完善扶贫"四到县"和财政涉农资金统筹整合政策，充分发挥各类涉农资金的集聚效应。2021年，全省安排衔接资金204.5亿元，较2020年增长2.5%。在督考机制上，充分发挥考核评估的"指挥棒"作用，将统筹开展督查检查、挂牌督战、第三方评估等成功方法引入有效衔接，以评估之威、督办之力保障落实之效。

三是着眼优化布局，抓实规划衔接。坚持"一张蓝图绘到底"，做到规划纲要、重点专项、一般专规之间相互衔接，把巩固拓展脱贫攻坚成果重大工程项目纳入相关规划。同时，重点推进乡镇国土空间规划和"多规合一"实用性村规划编制，科学布局推进"一村一品""一乡一业"产业发展，支持发展壮大村集体经济，以乡村建设行动为抓手补齐农村公共服务短板，以基层组织建设为核心提高治理水平。

四是聚焦任务落地，抓实力量衔接。四川省制定出台4个工作方案，坚持和完善东西部协作和对口支援、定点帮扶、省内对口帮扶、社会参与等帮扶机制，形成了上下联动、协同推进的强大合力。浙江省11个市62个县结对帮扶四川12个市68个县，构建起全方位、多层次、宽领域的协作体系，2021年落实到位财政帮扶资金33亿元。落实343个省直部门（单位）定点帮扶68个脱贫县，省内较发达的12个市和35个县（市、区）对口帮扶50个乡村振兴重点帮扶县，明确帮扶任务和工作重点，切实发挥帮扶资金、项目、人才的最大效益。深化驻村帮扶，对脱贫村中的重点帮扶村按每村3~5人，其余脱贫村、规模较大的易地扶贫搬迁集中安置点所在村（社区）、乡村振兴任务重的村一般按每村3人选派驻村第一书记和工作队，新一轮第一书记和驻村工作队2.8万余人全部到岗到位。

第六章

加快农业现代化

一、江苏省加快农业现代化的实践探索

2014 年 12 月，习近平总书记视察江苏时，殷切希望"力争在全国率先实现农业现代化"。近年来，江苏省坚持把总书记殷切期望转化为推动"三农"发展的强大动力，将新发展理念贯彻工作始终，紧紧围绕"强富美高"总目标，稳步推动农业供给侧结构性改革，加快构建现代农业产业体系、生产体系、经营体系，推动现代农业建设迈上新台阶，积极探索出一条具有中国特色、江苏特点的农业现代化发展之路。

（一）坚持量质并举，确保重要农产品有效供给

江苏素有"鱼米之乡"的美誉，进入新时代，更是把保障粮食等重要农产品有效供给作为"三农"工作的头等大事。在占全国 3.4% 的耕地上，生产了全国 5.6% 的粮食、7.6% 的蔬菜、3.5% 的肉类、6.8% 的禽蛋和 7.5% 的水产品。全省粮食产量已连续 7 年超过 700 亿斤，为国家粮食

撰稿：江苏省农业农村厅　黄挺、孙翔、阚桂生、江宇飞
　　　农业农村部农村经济研究中心　王妍令仪、曹慧

安全提供重要支撑。

一是突出产能提升。江苏省坚持粮食生产"稳"字当头，稳政策、稳面积、稳产量，聚焦落实粮食安全责任制，将粮食安全纳入全省综合考核评价。深入实施"藏粮于地、藏粮于技"战略，坚决遏制耕地"非农化"、防止耕地"非粮化"，粮食面积稳定在8100万亩，划定粮食生产功能区3700万亩、重要农产品保护区500万亩，改造中低产田、建设高标准农田4300万亩，占全国建成面积的5.4%，全省高标准农田比重达66%。

二是突出科技引领。建设133个产业科技创新团队，22个现代农业产业技术体系和集成创新中心，"农技耘"App全天在线服务36万农户，农业科技进步贡献达到70%，高于全国平均10个百分点。持续开展种业科技创新、品种选育，"十三五"共选育审定主要农作物新品种200个，其中稻麦品种优质率达95%以上，良种推广率超过90%，国家级保种场和基因库数量均位居全国第一。

三是突出装备支撑。实施粮食生产全程机械化整体推进示范省建设行动，推动设施农业"机器换人"工程和绿色环保农机装备与技术示范工程，农业机械化水平达88%，粮食生产基本实现全程机械化。连续多年将农业物联网技术纳入农业重大技术推广计划，新一代信息技术和传感器等职能装备已在设施栽培、畜禽养殖、水产养殖、大田种植等农业领域广泛应用，全省设施农业物联网技术应用面积占比超过20%。

四是突出绿色导向。深入推进畜禽养殖废弃物资源化利用整省示范、耕地轮作休耕、生态循环农业整建制试点和化肥农业减量增效行动，畜禽养殖废弃物和秸秆综合利用率超过95%，废旧农膜回收率达87%。2020年，全省化肥施用量较2015年减幅超过10%，农药使用量减幅超过13%。加快建立并持续拓展生态循环农业发展模式，引导养殖集中区建立适度规模的粪污集中处理中心，在太湖地区探索高标准生态农田建设，实现农田退水生态净化或循环利用，开展生态循环农业整村试点。

（二）坚持融合发展，促进乡村产业全面振兴

近年来，江苏省坚持推动农村一二三产业融合发展，着力提升乡村产业链供应链现代化水平，加快农业全产业链建设，逐步构建"产业结构优、质量效益高、经济主体强、技术装备精、路径模式新"的现代乡村产业体系。

一是打造优势特色产业"主阵地"。以优质化、品牌化、绿色化为导向，大力实施现代农业提质增效工程，着力培育壮大优质稻麦、绿色蔬菜、生态畜禽、特色水产、休闲农业、农村电商、现代种业、林业经济8个千亿元优势特色产业。壮大集中连片、优势明显、抗风险强的特色产业集群，10亿元以上的县域特色产业超过180个，全国"一村一品"示范村镇166个，国家中晚熟大蒜、苏系肉鸡产业集群和56个全国农业产业强镇加快建设。开展国家级农产品质量安全示范省创建，创成国家级安全县13家、安全市1家、省级安全县21家，实施十万规模主体入网监管行动，拥有绿色食品企业1630家、产品3561个，有机农产品企业86个、产品106个，农产品地理标志117个。深入实施品牌强农营销富民工程，推出"连天下""淮味千年"等一批区域公用品牌，12个区域公用品牌入围中国农业品牌目录。

二是打造农产品加工业"动力核"。发挥农产品加工产业关联度高、行业覆盖面广、带动能力强的优势，推动优势产区、加工能力、物流节点、服务内涵有机衔接，促进一产往后延、二产两头连、三产跟前端。加快农产品加工转型升级，推进技术创新和装备创新，全面提升装备化、职能化水平，全省规模以上农产品加工企业5868家，2020年主营收入超过1万亿元。以工业园区建设理念打造农产品加工集中区，通过企业"退城入园"整体搬迁、依托资源"区镇共建"发展精深加工业、经济开发区增设农产品加工板块、行业龙头集群发展等多种形式，构建产业发展高地，建成省级农产品加工集中区59家，入驻企业超过1600家，2020年销售收入近2600亿元。

图6-1　东台市三仓镇现代农业产业园

三是打造新产业新业态新模式"增长点"。积极拓展乡村产业内涵和外延，大力发展休闲旅游、文化体验、农村电商等乡村新产业新业态新模式，横跨一二三产业、兼容生产生活生态、融通工农商贸城乡，休闲旅游农业综合收入、农产品网上交易额增幅连续多年保持在15%以上。先后实施乡村休闲旅游农业精品工程、创意休闲农业特色品牌培育、"百园千村万点"精品行动等，新产业向深度发力、朝广度拓展，全省具有一定规模的休闲旅游农业园区景点超过1.2万个，全国休闲农业示范县20个、中国美丽休闲乡村50个。以农村电商新业态引领新消费，全省在知名电商平台开设地方特色馆356个，建成农业电商产业园82个，电商"万人培训"累计超过6万人次，2020年农产品网络销售额843亿元。满足城乡居民多样化、便捷化需求，积极探索"中央厨房+冷链配送+物流终端"新模式，全省规模以上主食加工企业220多家，17家入选全国主食加工示范企业，涉及餐店自供、团餐服务、旅行专供、在线平台、特色产品、配料加工等多种类型。

（三）坚持改革创新，加快推进经营体系现代化

近年来，江苏省先后实施农村土地确权登记颁证、农村集体产权制度改革、新型职业农民培育整体推进示范等 7 个整省试点，积极推进农村产权交易市场建设、农村"三块地"改革等一批国家试点，让改革红利不断惠及广大农民。2020 年农民人均可支配收入 24198 万元，城乡居民收入比缩小到 2.19∶1。

一是加快培育新型农业经营主体。围绕做强大龙头、培育新农人、带领小农户，持续壮大市场主体。全省农民合作社市场登记数 8.1 万家，纳入名录系统家庭农场 17.5 万家，其中国家示范社 408 家、省级示范社 1400 家、省级示范家庭农场 2290 家，全省县级以上龙头企业近 6000 家，其中国家级 77 家、省级 820 家。大力实施高素质农民培育工程，提升一批对农业有感情、有经验的"老农"，培育一批有情怀、能创业的"新农"，培养一批有学历、能创新的"知农"，每年培育高素质农民超过 15 万人。引导农民工、高校毕业生、退伍军人等返乡下乡创新创业，全省农村双创人员超过 47 万人。健全完善利益联结机制，农业龙头企业牵头成立产业化联合体，农民合作社和家庭农场跟进，广大农户积极参与，优势互补、分工协作、利益共享、抱团发展，全省各类产业化联合体超过 500 个，其中省级示范联合体 251 个，通过联农带农机制，把小农户引入现代农业发展轨道。

二是加快农村土地制度改革。在全国较早完成农村土地承包经营权确权登记颁证，积极探索符合实际的"三权分置"形式，重在把握"有序""适度""多形式"，根据农村劳动力、农业生产手段改进和社会化服务水平不同，因地制宜发展土地集中、农田托管、家庭农场集群、联耕联种、合作农场等多种形式的适度规模，全省适度规模经营超过 65%。近年来，进一步依托农村产权交易平台，推行土地经营权流转线上交易、流转合同网签，建立土地经营权抵押融资、履约保证保险等机制，2020 年底在省平台上流转的土地经营权累计成交金额 728 亿元。

三是加快农村产权制度改革。全国首批农村集体产权制度改革整省试点任务全面完成，超过 1.7 万个集体经济组织完成登记赋码，取得特别法人资格，以集体所有为基础、股份合作为纽带的新型集体经济组织基本建立健全。积极探索集体所有制有效实现形式，通过党建引领、产业发展、生产服务、农旅融合、资产盘活等多种形式壮大集体经济，全省村级集体组织经营性资产总量超过 1800 亿元，村均集体经营性收入 192 万元。在全国率先建成统一联网、省市县镇四级联动的农村产权交易市场体系，激活农村资源要素，日均交易额达 1 亿元，溢价率近 4%。

（四）坚持优先发展，强力推进农业现代化走在前列

立足于农业农村发展进入加速转型期、乡村建设治理进入深化拓展期、农村民生保障进入品质提升期、工农城乡关系进入重塑融合期，坚持农业农村优先发展，强化政策创设、制度管理和要素保障，推动农业现代化步伐加快。

一是强化部署推进。构建了强有力的乡村振兴组织推进体系，全面加强党对农村工作的领导，压紧压实各级党委政府乡村振兴主体责任，严格落实五级书记抓乡村振兴领导责任。建立党委农村工作领导小组统筹推进机制，年初谋划思路、分解任务，季度调度进展，重点事项专题研究，形成一套完整的工作机制，乡村振兴督查考核列入省委、省政府督检考计划。聚焦重要农产品保障供给战略、农村一二三产业融合发展、新型经营主体培育、农业农村重大项目建设等农业现代化重点工作强力推动。深化部省合作共建成果，在 33 个县开展农业农村现代化试点建设，探索农业农村现代化建设的可行路径和工作机制，形成一批可复制可推广经验和典型模式。

二是强化政策支持。坚持把农业农村作为公共财政的优先保障领域，"十三五"以来全省各级财政实现农林水支出超过 4600 亿元。在 33 个县（市、区）开展水稻收入保险试点，农业保险标准稳步提升、覆盖面不断拓展。设立新型经营主体风险补偿基金，累计撬动银行贷款 292 亿元。创新

设立100亿元省级"乡村振兴投资基金",与国家开发银行、农业发展银行等11家银行签署战略合作协议,3年内将向农业农村领域授信1.65亿元。出台优先保障农村一二三产业融合发展用地政策,明确要求市县单列不低于5%新增建设用地计划支持农村产业融合发展,允许实行"点状供地"。

三是强化要素支撑。将工业化思维、市场化办法加快引入农业农村领域,吸引更多资本投入,推动村企要素互动、供求互补,建立省市县三级农业农村重大项目储备库。2020年,全省714个重大项目,总投资1455亿元,投资领域覆盖现代种养、农产品加工流通、农业现代服务、农村人居环境整治和农业基础设施等领域。开展"万企联万村"村企对接行动,以村企合作为抓手,促进城市资金、技术、人才、信息等现代要素与农业农村资源有效对接、深度融合、共同发展。

二、甘肃省定西市安定区做强马铃薯产业

近年来,定西市安定区紧紧围绕打造"中国薯都"的目标,发挥全国最佳适种区的地域优势,把马铃薯产业作为促进农业增效、保障农民增收、壮大县域经济、助推乡村振兴的区域性首位产业和战略性优势主导产业,着力推良种、稳规模、保加工、促产销,构建产加销相衔接、贸工农一体化的马铃薯全产业链发展、全环节增收的产业体系,全力推动马铃薯产业转型升级。2020年,全区马铃薯种植面积稳定在100万亩以上,总产量达190万吨,加工能力达70万吨以上,全产业链产值达近40亿元,农民人均从马铃薯产业中获得收入2580元,占全区农民人均可支配收入的近1/3,马铃薯从昔日的"救命薯""温饱薯"变成了今天的"脱贫薯""小康薯",安定区已成为全国马铃薯种植面积最大、微型薯繁育能力最强、依靠马铃薯增收最多、占生产总值比例最高的县区之一。

撰稿:农业农村部乡村产业发展司　陈建光、杜鹏飞
　　　农业农村部农村经济研究中心　马霖青

图 6-2　马铃薯标准化示范片带

（一）突出企业、合作社、农户"三方联动"，构建马铃薯产业全链条发展体系

一是推良种，提高单产。实施种薯产业升级工程，坚持市场化扩繁、订单化生产，扶持爱兰薯业、凯凯农科、定西马铃薯研究所等种薯企业17家改造升级设施设备，完善离地基质栽培、水培雾培等先进技术，优化种薯扩繁结构，提升种薯品质、扩大种薯产能，形成 5.5 亿粒的优质脱毒种薯繁育能力，分别占全市、全省和全国的 62%、50% 和 29%。实施马铃薯良种工程，加快产学研、育繁推一体化进程，持续加大优质脱毒种薯选育推广力度，健全种薯企业扩繁生产原原种、合作社参与生产原种的马铃薯良种扩繁机制。每年建设原种基地 3 万亩以上、一级种基地 30 万亩以上，构建"温室生产原原种、基地扩繁原种、田间应用一级种"的梯

级种薯繁育推广体系，实现种植环节脱毒种薯全覆盖，2020年亩产达1.9吨，比上年增长6%。

二是建基地，稳定规模。坚持全域规划、区域布局、流域发展，按照产业集群、主体集中、技术集成、要素集聚、保障集合"五个集"的要求，将标准化基地建设与旱作农业技术推广、高标准农田建设、耕地复耕休耕、撂荒地整治相结合，推广"龙头企业+合作社+基地+农户"的订单种植模式和"脱毒良种+黑膜覆盖+配方施肥+机械耕作+病虫防控"的"五统一"标准化技术，打破乡镇、村社界限，每年建立集中连片的种薯、鲜薯、加工薯标准化种植基地60万亩以上，带动全区马铃薯种植稳定在100万亩以上。

三是育主体，利益联结。坚持把以合作社为主的新型经营主体培育作为产业发展的重要环节，采取"培育壮大一批、规范提升一批"方式，扶持发展马铃薯专业合作组织416个，按照种植有良种、生产有基地、耕作有机械、销售有订单、仓储有设施的"五有"标准，培育壮大117个、规范提升204个，创建国家级示范社3个、省级示范社20个、市区级示范社82个，形成国家级、省级、市级、区级合作社梯队；发挥合作社上联企业、下联农户的组织联动作用，引导合作社与企业、农户每年签订订单协议50万亩以上，推广优良种薯，促进组织化生产，实现小农户与大市场的有效对接，形成了"分工协作、风险共担、利益共享"的马铃薯产业联合体。

四是强龙头，精深加工。以主食化、工业化、鲜食化为方向，支持蓝天淀粉、薯香园科技、薯峰淀粉、鼎盛农科、圣大方舟等11家马铃薯加工龙头企业改造设施装备、改进生产工艺、逐步扩大产能、提升效益，建成精淀粉生产线11条35.5万吨、全粉生产线1条1万吨、变性淀粉生产线8条8万吨，形成了以精淀粉、全粉、变性淀粉及其衍生产品、主食化系列食品为主，上下游配套、产业链完整的集群化加工产业体系，进一步延伸产业链、提升价值链、完善供应链，打造全国重要的马铃薯加工产业集群，加工能力达70万吨。2020年共加工鲜薯80万吨、生产马铃薯制品14万吨。

图 6-3　马铃薯加工车间

五是抓仓储，调控市场。支持种薯、加工龙头企业在厂区、生产基地周边配建标准化恒温储藏库，扶持专业合作社在田间地头建设贮藏窖，形成了良种薯、加工薯、商品薯分级贮藏体系，马铃薯贮藏能力达 88 万吨，实现了旺吞淡吐、均衡供应、调控市场、保值增值。发挥仓储设施的"中转站"作用，依托国家级定西马铃薯批发市场和经销协会，采取"仓前仓后配套、线上线下融合、农超农校对接"方式，建立京东特色馆、淘宝特产馆、"腾云微选"等电商平台，与上海江桥、广州江南等大型终端市场建立稳定销售关系，并向连锁超市及学校、企业食堂等特定消费群体拓展。2020 年，共外销鲜薯 70 万吨，精淀粉、全粉及其制品 12 万吨，实现销售收入 38 亿元。

（二）坚持品质、标准、品牌"三位一体"，构建马铃薯产业全过程标准体系

一是加强品质管控。把产品的高品质生产作为马铃薯产业高质量发展

的关键举措，以绿色化、优质化、品牌化为方向，强化农产品源头治理、过程管控和质量追溯，组建农业综合执法队伍，从种子、农药、化肥入手，常态化开展执法检查；实施化肥农药减量增效行动，推广绿色防控技术，认证马铃薯绿色、有机和地理标志产品17个，"三品一标"面积105万亩；将146家生产经营主体纳入全省农产品质量安全监管追溯平台，做到"带证上网、带码上线、带标上市"，实现农产品源头可追溯、流向可跟踪、信息可查询、责任可追究。

二是健全标准体系。紧盯马铃薯种植、加工、贮藏、销售环节，引导企业参与制定地方标准、国家标准、行业标准，依托爱兰薯业种薯繁育重点实验室、定西马铃薯研究所等科研平台，制定的《马铃薯脱毒原原种离地苗床繁育技术规程》甘肃省地方标准成功发布，雾培法、椰糠基质等原原种繁育技术正在申报国家专利；依托蓝天、薯香园、圣大方舟等加工龙头企业研发平台，制定精淀粉、全粉、变性淀粉标准化生产操作规程85项，参与制定的《食用变性淀粉》国家标准打破了我国高端变性淀粉无标可依的现状；扶持各类经营主体改造仓储设施，推广运用气调储存养护、低温养护等先进技术和管护标准，提升科学化仓储能力；建成中国（定西）马铃薯大数据中心，完善国家级定西马铃薯批发市场销售平台，形成集产品包装、分拣、集散、检测于一体的标准化配套服务功能，构建马铃薯产业全过程标准体系，成功创建全国"马铃薯标准化示范区"。

三是强化品牌培育。建立生产环境、生产过程、产品认证、包装标识、质量追溯全过程信用体系，"定西马铃薯"被国家工商总局评为中国驰名商标；加大地域品牌培育，制定区域公用品牌管理办法，"定西马铃薯"进入中国农业品牌目录，成为优质"甘味"农产品区域公用品牌，成功创建"全国马铃薯产业知名品牌创建示范区"，擦亮叫响"中国薯都"名片；"定西马铃薯脱毒种薯"被国家质检总局认定为国家地理标志保护产品，脱毒种薯及其制品登记《原产地标记注册证》；积极引导市场主体培育品牌，注册了"新大坪""福景堂""爱兰""陇上绿莹"等10多个知名商标，申报入选马铃薯"甘味"农产品区域公用品牌1个、企业商标品牌7个，有效提升了产品的品牌影响力和市场认可度。

（三）强化组织、政策、金融、保险、考核"五项措施"，构建马铃薯产业全方位保障体系

一是政府组织"推"。制定《"十三五"马铃薯产业发展规划》《加快推进马铃薯产业转型升级的意见》，成立由区委、区政府主要领导任组长的马铃薯产业开发协调推进领导小组，统筹推进马铃薯产业转型升级和体系化发展。每年4月份召开良种调供、基地建设现场推进会，9月份召开马铃薯大会，10月份召开马铃薯标准化基地建设暨秋季农业生产现场观摩会，12月份召开新型经营主体规范提升培训会，总结先进做法，交流典型经验，部署推进产业发展。

二是政策项目"扶"。坚持把政策扶持作为助推产业发展的强劲动力，自2016年以来，每年筹资3000万元，实施"微型薯补贴入户"和"户均一亩种子田"工程，对需求农户进行全覆盖调种扶持，带动户均种植马铃薯10亩以上。结合农村"三变"改革，整合资金9138万元，折股量化到92家龙头企业、合作社等新型经营主体，促进主体壮大、产业发展、农民增收。依托国家现代农业产业园建设，以1亿元中央奖补资金撬动社会资本投资11.6亿元，实施种薯繁育、主体培育、加工转化、市场营销、品牌打造等"十大工程"，推动马铃薯产业升级发展。

三是金融服务"帮"。筹措担保资金2500万元，发放特色产业发展工程贷款5.8亿元，引导金融机构创新推出"惠企贷""惠农贷""兴陇贷"等产品，累计为龙头企业、合作社和农户落实贷款5.2亿元。"农户贷款合作社保，合作社贷款联合社保，联合社贷款企业保"的"蓝天供应链金融"模式在全省推广，5家金融机构向蓝天供应链授信12亿元，有效破解了产业链融资难题。

四是农业保险"托"。把农业保险作为稳定产业效益和农户收入预期的重要保障，全面落实"增品扩面、提标降费"政策，实现了农业保险对种植农户、经营主体、经营设施应保尽保，致力构建马铃薯良种繁育和基地建设风险稳控保障体系。2020年共承保马铃薯66万亩，因灾、病害

减产赔付 600 万元，户均赔付 200 元，降低了农户损失，有效发挥了农业保险"安全网"作用。

五是综合考评"奖"。将马铃薯产业发展纳入乡镇党委政府和区直相关部门的目标管理考核体系，考核结果与包乡镇、包主体、包基地、包农户的农技人员职称聘评、工资绩效挂钩，严格考核，兑现奖惩。2020 年，落实特色产业发展奖补资金 550 万元，对 86 家建立集中连片、标准化水平高、面积达 500 亩以上基地的新型经营主体进行奖补，有效激发主体建基地的积极性，促进产业规模化发展。

安定区将继续把马铃薯作为巩固拓展脱贫攻坚成效、助力乡村振兴的战略性主导产业，紧紧围绕市委、市政府打造"中国薯都"的战略部署，以落实全省现代丝路寒旱农业优势特色产业三年倍增计划为抓手，立足实际，保持定力，围绕建基地、强龙头、延链条、聚集群，致力构建产加销相衔接、贸工农一体化的马铃薯全产业链发展体系，持续推动马铃薯产业高质量发展。

三、福建省永安市"一村一品"富农兴村

大科畲族村，位于福建省永安市洪田镇最南端，是一座典型的高山村。全村现有 4 个村民小组，122 户 512 人，辖区面积 11000 亩。这座村并不同于我们印象中的山村一般，过着艰苦朴素的生活，而是蒸蒸日上、日新月异。这里的一砖一瓦皆是新盖，这里的村民靠着特早蜜橘产业起家、发家，成功实现了从贫穷到富裕的转变。2020 年，农村居民人均可支配收入超 6 万元，先后获得三明市先进基层党组织、文明村、民族团结进步模范村、"六无"村居，福建省"一村一品"示范村、美丽乡村示范村、农民创业示范基地等荣誉称号。

撰稿：福建省永安市农业农村局　粘忠毅
　　　福建省永安市洪田镇人民政府　涂述灵、吴春钐
　　　农业农村部农村经济研究中心　张莹

图 6-4　大科畲族村全景图

（一）穷则思变，选准路子

大科畲族村依山而聚，山高田陡，田地多为小丘梯田。村里曾流行一句俗语"青蛙一跳，跳出大科 20 丘田"，形容梯田小且如楼房一样垂直向上。农田面积小且地势陡峭，水源不足，导致该村种植水稻成本高、产量低、效益差，十多年前是远近闻名的贫困村。为了改变原有状况，村民们尝试过养殖黄兔、乌鸡，种植萝卜、桃子、板栗等经济作物，均以失败告终，不少村民只能悻悻地离开家乡，外出打工。面对这片土地，靠什么生存？成为当时大科人最大的担忧。穷则思变，在新一届村"两委"班子的领导下，大科畲族村一方面进行市场调查，请来农业部门专家把脉论证，量身规划；另一方面组织村"两委"和种植大户外出参观，学习取经。在充分考虑当地地理环境条件、村民种植经验以及市场行情的基础上，村"两委"干部、党员和种植大户带头引进特早蜜橘，进行试种。因果实上市早、品质优，取得了很好的经济效益。2008年，村"两委"正式确定将特早蜜橘作为全村的特色主导产业，大面积推广种植，由此开启了大科畲族村的致富密码。

（二）大干快上，迈开步子

主导产业选准了，如何将其做大？大科村聚焦人才、技术和品牌，走出一条山区产业振兴的新路子。

一是撬动人才引擎。产业要发展，人才是关键。在永安全国新型职业农民增收激励计划试点的创建背景下，大科畲族村全力做好新型职业农民培育这篇文章，实施"能人带动"工程，先后将一批懂经营、善管理的党员能人吸收进党支部，培养了一批"草根专家"，成为产业发展的"智囊团"和"领头雁"。2005年，党员老吴最开始试种400棵特早蜜橘果苗，经过精心管理，上市时间比其他品种蜜橘提早了一个月，被收购商采购一空，村民们看到了，纷纷效仿，全村开始大面积种植特早蜜橘。目前，全村已实现户户种植特早蜜橘、户户发展柑橘产业，其中特早蜜橘种植规模达2500亩、脐橙650亩、芦柑550亩。与福建农林大学园艺学院、植保学院建立了合作关系，聘请专家、教授作为常年技术顾问，为其提供产学研基地，定期邀请教授前来授课和技术指导，培训种植户。村里还组织村委和能人走出去，到先进地区取经，学习其他地方的水果种植经验，通过"请进来"与"走出去"相结合、理论与实践相结合，不断提升村民种植技能。

二是强化技术支撑。充分发挥科技特派员作用，成立了三明市首个以共享为理念的科技特派员工作站，引入北京林业大学、福建农林大学、省市农科所专家学者，注册科技特派员17人，利用他们在柑橘培育方面的研究成果，推广柑橘病虫害绿色防控技术，有效解决生产技术难题。"科技特派员给我们讲疏花疏果、果实套袋、测土配方施肥、大枝修剪等新技术，园子里的特早蜜橘品相更好看了，吃起来的口感也更甜了，每年都是供不应求"，大科特早蜜橘农民专业合作社理事长喜笑颜开地说。大科村还以科技特派员为纽带，推动村党支部与福建农林大学园艺学院教工第二党支部结对共建，构建"党建共建、资源共享、难题共解、发展共谋"的校村联动工作新格局。

图6-5 科技特派员指导特早蜜橘技术

三是实施品牌战略。大科村注册了"大科特早蜜"商标，组建了大科特早蜜橘农民专业合作社和大科生态农业有限公司，通过合作社实施"四统一"（统一技术要求、统一病虫害防治、统一品牌创建、统一产品营销）规范生产，通过大科生态农业有限公司开展特早蜜筛选、清洗加工和精品包装，提高了果品品质，增加了附加值。积极引导鼓励一批年富力强的人员，抓流通闯市场，通过与各地的物流企业、大型商超、专业协会、龙头企业建立广泛联系，既为水果销售奠定良好的市场基础，也打开了品牌知名度。同时，依托报纸、电视、网络、微信、抖音、快手等多种媒介平台，加大了对"大科特早蜜"水果品牌的宣传力度。2019年9月，"三明早熟蜜橘"品牌推介暨永安市2019年农民丰收节在大科村举办，进一步提升了"大科特早蜜桔"品牌的影响力。目前，"大科特早蜜"已成为省内外业内闻名的水果品牌，被确认为"无公害农产品""全国名特优新农产品"。

（三）做优产业，多挣票子

村里的水果产业发展稳定了，村庄环境变美了，村党支部又开始探索产业提档升级，让老百姓多挣票子。

一是完善基础配套设施。拓宽了村道、新建了柑橘交易市场、硬化了果园道路、修建了果园观光步道、建立了休闲家庭农庄、修建了橘园文化公园和畲乡民俗馆、开设了乡村民宿……通过不断完善基础配套设施，打牢了产业提档升级的"底子"。

二是发展"生态农业+休闲旅游"。探索"支部+合作社+农户"的模式，发展"生态农业+休闲旅游"，推动一二三产业融合发展。每年春季花开，漫山的白花吸引了大量市民游客驻足观赏；每年秋季丰收，挂满枝头的橘子吸引各地的游客前来采摘购买。通过发展休闲观光采摘新模式，果园综合效益不断提高，仅2020年就接待各地游客约1.1万人次，旅游收入达200万元。

三是发展农村电子商务。大科畲族村特早蜜橘农民专业合作社与永安市宝农堂电子商务有限公司合作，开网上店铺，搞直播带货，每年通过电商平台带动销售总产量10%以上的蜜橘。在品牌效应的影响下，大科畲族村的特早蜜橘价格比邻近村每斤高出0.3元以上，年产值达3000多万元，户均收入可达20多万元。

现如今，富裕起来的大科畲族群众脸上都洋溢着幸福的笑容，家家买小车、建新房，全村已有小车100余部，建新住房112户，占全村户数的90%多，实现了"人在乡村住，富超城里人"的梦想。外出的年轻人也开始返村创业，村人口从原来的300多人增加到500多人。返乡农民工吴某说，"现在村里的环境越来越好了，支持政策越来越多了，我回乡种特早蜜橘，不比外面打工赚得少，还可以照顾家里的老人、孩子"。

四、四川省蒲江县明月村文创赋能休闲农业

　　明月村位于四川省成都市蒲江县甘溪镇，幅员面积 11.38 平方公里，辖 25 个村民小组，1383 户，总人口 4086 人。明月村陶艺文化底蕴深厚，唐宋以来就是民用陶瓷（邛窑）的重要生产区。近年来，该村深挖陶艺文化底蕴，以"竹海、茶山、明月窑"为依托，大力推进农旅融合，探索"文创+"的文化振兴之路，先后获评中国美丽休闲乡村、全国文明村、全国乡村产业高质量发展"十大典型"、全国民主法治示范村、中国传统村落活化最佳案例等 50 余项国家级、省级、市级荣誉，并入选联合国第二届国际可持续发展试点社区，被中央电视台、《人民日报》、《四川日报》等主流媒体及多家知名新媒体专题报道。2020 年接待游客 23 万人次，旅游收入达 3300 万元，全村农民人均可支配收入达 2.7 万元。

图 6-6　明月村村落鸟瞰图

　　撰稿：农业农村部乡村产业发展司　梁苗
　　　　　四川省蒲江县农业农村局　刘富程
　　　　　四川省普及赛甘溪镇人民政府　何晓梅

（一）坚持文创赋能，创新发展机制

明月村积极探索"文创赋能、政府搭台、公益助推、旅游合作社联动"的发展机制，推动产村融合发展。

一是文创赋能。文创赋能、助推产村融合发展是明月村发展的重要抓手，在规划之初明月村就定位为以陶艺手工艺为主的文化创意聚落与文化创客集群，新老村民共创共享的幸福美丽新乡村。明月村深挖邛窑历史文化特质，走"文创+"的文化振兴之路。通过两种方式吸引人才进驻明月村：其一，通过国有建设用地"招拍挂"建文创项目进入。其二，租赁当地村民闲置房屋改造成文创工作室入驻。从 2015 年开始，明月村以安居、乐业、家园为目标，引进艺术家、青年创客 100 余位，引进文创项目 50 个。目前，已建成开放 30 个，其余项目均在建设中。以文创公司和艺术家、专业人士等为投资主体，激发古老乡村新创意，创建了以陶为主的手工艺文创园区。

二是政府搭台。政府从政策支持、人才支持、财政支持等方面为明月村的发展奠定了发展基石。成立"蒲江县明月国际陶艺村项目工作领导小组"，组成专业管理平台，负责项目策划、规划、招商、推广和管理。落实国有建设用地 187 亩，盘活集体建设用地和闲置宅基地资源，为明月村"引凤入巢"提供"启动器"。引进文旅项目策划、运营人才，国土、规划等方面人才组成项目工作推进组，为明月村的发展提供"助推器"。出台促进文化创意和旅游产业发展相关政策文件，为明月村的发展提供"稳定器"。镇村两级负责园区管理、用地保障、项目服务，通过不同的渠道，积极对上争取，整合资金完善游客接待中心、道路、停车场、水、电、气等公共服务和基础设施配套。

三是公益助推。2015 年 11 月 20 日，明月国际陶艺村正式开村，挂牌了"国家西部旅游人才培训基地乡村旅游实训点"。由引进的第一个公益组织"3+2"读书荟开设的明月讲堂第 1 期正式开讲，每月 1 期。同时，入驻明月村的文创人才和艺术家，依托镇文化站、文创院落等平台，

定期开展明月夜校、明月画室、陶艺培训、草木染培训、篆刻书画培训等公益活动，促进原生态乡土文化与外来新村民创作互动融合、促进，提升了陶艺村整体的文明素养，助推明月村文化建设发展。

四是旅游合作社联动。2015 年 3 月，在项目工作领导小组的指导下，成立了成都明月乡村旅游专业合作社，由村集体、村民、政府产业扶持资金，按 1∶1∶1 等比配备入股（政府产业扶持资金不参与分红），目的是壮大村集体经济，调动村民发展的积极性。合作社统筹明月村范围内的旅游项目建设、运营和乡村旅游发展，指导农户开设特色餐饮、精品民宿等创业业态，让当地村民深度参与乡村旅游项目，形成共创共享的良好发展态势。

（二）坚持农业本底，推进农旅融合

图 6-7　明月村茶园

坚持"竹海、茶山、明月窑"发展思路，发展与资源环境、生态相协调的生态农业，深化农商文旅融合发展，探索"农创+文创"发展模式，促进农业增收。

一是打造"茶山竹海"特色农业。全域推广土壤改良和绿色防控，建成有机茶叶基地 3000 余亩。2020 年 12 月，8000 余亩的雷竹园区获评成都市三星级现代农业产业园，"茶山竹海"既是明月村的特色景观，又是村民的收入来源，也构成了良好的生态本底。

二是大力引进和发展文创产业。已引入蜀山窑、明月轩篆刻艺术博物馆、呆住堂艺术酒店等文创项目 50 个，多元化的文创产业集群塑造了明月村文艺乡村新形态，带来了人气和商机。

三是大力发展休闲旅游产业。成立明月村乡村旅游合作社，推出农事体验、自然教育、制陶和草木染体验等项目，引导村民发展创业项目 30 余个，打造出集家庭农场、林盘民宿、农事体验、研学课堂于一体的旅游新业态。深化明月村 IP，开发了明月茶、明月果、明月笋、明月染、明月陶等系列明月造旅游商品，实行线上线下同步销售，产品附加值显著提升。明月村 2020 年实现旅游收入超过 3300 万元，文创产品年产值超 1 亿元，合作社实现盈收 130 万元。

（三）坚持生态优先，推进宜居宜业

践行"两山"理论，坚持"生态优先、绿色发展"理念，注重茶山、竹海、松林等生态本底的保护与发展，建设生态宜居新家园。

一是坚持"景观化、可进入、可参与"和"原生态＋新风尚"理念。加强对茶山、竹海、松林等生态本底的保护与发展，注重保护马尾松林以及凉山渠、明月渠水系特征，推进景观梳理、绿道建设、旅游厕所、农户风貌整治以及院落美化，先后实施院落改造和川西林盘整治项目 20 余个，持续改善乡村环境。建成 2300 余平方米文化广场、旅游接待中心、8.8 公里旅游环线、7.7 公里绿道、8 个生态停车场、6 个旅游厕所，进一步提升明月村旅游承载能力，不断创造满足人民群众美好生活需求的消费场景和生活场景。

二是推进农村环境治理"三大革命"。构建群众动员、投入保障、长效治理"三大机制"，统筹推进"七改七化"（改水、改厨、改厕、改圈、改院、改线、改习惯，硬化、绿化、美化、亮化、净化、文化、保洁员专职化），构建生活垃圾"户分类、村收集、镇转运、县处理"模式，引入奥北环保组织垃圾回收，建立市场化作业、企业化运营、全程化监管机制，全村自来水覆盖率、天然气入户率均达95%以上，生活垃圾无害化处理率达99.3%、生活污水达标排放率达90%，光网实现全覆盖，极大改善了群众生活环境。明月村已成为望得见山、看得见水、记得住乡愁的幸福美丽新乡村。

（四）坚持文化立村，促进品牌提升

深挖邛窑历史文化特质，将明月窑陶艺列入非物质文化遗产保护名录，引进陶艺制作、蓝染手工艺、篆刻博物馆等文创项目50个，走"文创+"的文化振兴之路。

一是打造"明月村"文化品牌。连续举办10届春笋艺术节（2012~2021年）、5届"月是故乡明"中秋诗歌音乐会（2016~2020年）等品牌文化活动。文化艺术的熏陶让村庄焕发新活力，使村民对"明月村"品牌有了更多的认同感、获得感、幸福感，明月村成了名副其实的理想村。

二是实施文艺进乡村行动。常态化开展摄影分享会、民谣音乐会、皮影戏、端午古琴诗会、竖琴田园音乐会等文化活动；打造了《明月甘溪》等原创歌舞作品，出版发行新老村民共同创作的诗集《明月集》；明月讲堂、明月夜校定期开展特色培训讲座，开阔了村民的发展思路，激发村民的文化自信。

三是健全文化阵地，培育特色队伍。创新设置"明月书馆""明月画室""陶艺博物馆""书画展览室"等公共文化空间，实施"音乐种子计划""明月文舍"等项目，为村里的青年、儿童以及其他艺术爱好者开展免费书法、绘画、古琴、声乐、舞蹈、诵读等课程。孵化培育明月之花歌舞队、明月古琴社、明月诗社、民谣乐队等特色队伍6支200余人，开展产业、文化方面的培训每年达1.5万人次。

四是展示乡村文化自信。积极组织新老村民代表参加"成都创意设计周"（第三届、第四届）、成都国际都市现代农业博览会（第五届、第六届）、"北京遇见明月村"798跨年文创展（2016-2017）、2018中国苏州文创产业博览会暨苏州创意设计周等品牌展会活动40余场。赴摩洛哥、韩国、日本和国内其他省份进行文化展示和交流。明月村成了名副其实的理想村，也因此成了广为人知的网红村。

（五）坚持外引内培，夯实人才支撑

按照"外引+内培"的人才战略，明月村通过聚集文创产业、提档升级新村面貌和配套招才引智政策，不断提升对全国文创人才的吸引力。

一是"外引"新村民，为乡村注入生机与活力。以"安居、乐业、家园"的生活理念与共创共享幸福美丽新乡村的愿景吸引了100余名有影响力、有创造力、有情怀的艺术家和文化创客入驻成为新村民，入村创作、创业和生活，包括国家工美行业艺术大师、服装设计师、主持人、水立方总设计师、美国注册建筑设计师等，新村民带来资金、理念、品牌、资源、新的生活方式，带动了明月村产业、文化的快速发展。

二是"内培"原住民，激发乡村发展的内生动力。邀请新村民及全国具有影响力的乡建研究者与实践者来明月村进行产业、技术、文化方面的培训，每年开展明月讲堂不少于12期、明月夜校不少于12期。截至目前，先后开展各类培训300余期，年培训约2万人次，培育9名职业农业经理人，吸引150余名村民返乡创业就业，大学生返乡创业青黛工作室、门前椿宿等项目已投入运营，呈现较好的发展态势。通过新村民的示范带动和新老村民的互动融合，新村民成为发展文创产业、提高村民素质、促进乡风文明的新引领。

第七章

推进农村现代化

一、浙江省深入实施"千万工程"的实践

（一）问题导向求转型

浙江省是"两山"理论的发源地，也是绿色发展的排头兵。然而，20 年前的浙江却面临着资源过度开采、环境污染严重、生态急剧退化的困境。如安吉县余村，采矿产业使余村成为全县的首富村，但其代价是沉重的：满目疮痍的山体、身体受损的村民；在"水晶之都"浦江县，简易的生产设备、随意排放的废料，500 多条白色的"牛奶河"一路流到钱塘江，"每滴污水都流进了杭州人的茶杯里"；生猪大县海盐的不少村子"奔驰宝马狂奔在猪粪堆里"；淳安县下姜村的露天厕所导致整个村里臭气弥漫。

2003 年，针对这些问题，时任省委书记习近平亲自部署推动"千村示范、万村整治"（简称"千万工程"），以农村生产、生活、生态三大

撰稿：浙江省农业农村厅社会事业处
农业农村部农村经济研究中心 金书秦

环境改善为重点，突出问题导向、民意导向、趋势导向、目标导向，从全省4万个村庄中选择1万个左右行政村进行全面整治，把其中1000个左右的中心村建成全面小康示范村。同年7月，习近平同志在省委十一届四次全会上阐释浙江发展的八个优势，提出指向未来的八项举措——"八八战略"，在这个指引浙江改革发展和全面小康建设的总体方略中，"千万工程"成为推动生态省建设、打造绿色浙江的有效载体。2018年9月，"千万工程"获联合国最高环保荣誉"地球卫士奖"。2018年，中共中央办公厅、国务院办公厅下发文件，要求全国学习浙江"千万工程"经验。

图7-1　诠释山水林田湖生命共同体

（二）真抓实干求实效

浙江省实施"千万工程"大致可分为四个阶段。第一阶段：示范引领阶段（2003~2007年）。选择1万多个建制村，全面推进村内道路硬化、垃圾收集、卫生改厕、河沟清淤、村庄绿化，建成了1181个全面小康示范村、10303个环境整治村。第二阶段：整体推进阶段（2008~2010年）。将整治内容拓展到面源污染治理、农房改造、农村公共设施建设，基本完成了全省村庄整治任务。第三阶段：深化提升阶段（2011～2015年）。启动实施美丽乡村建设行动计划，开展历史文化村落保护利用工作，着力把农村建成规划科学布局美、村容整洁环境美、创业增收生活美、乡风文明身心美，宜居宜业宜游的农民幸福家园、市民休闲乐园。第四阶段：转型升级阶段（2016年至今）。推动美丽乡村建设从一处美向全域美、一时美向持久美、外在美向内在美、环境美向生活美转型，全力打造美丽乡村升级版。

一是建立党政主导、多方协同的责任机制。成立由15个部门组成的"千万工程"工作协调小组，一方面合力推进，另一方面从城市管到农村，"一竿子"插到底。各级建立相应领导小组，由党委农村工作部门抓总协调、组织推动，相关部门各负其责、分工协同，人大、政协和社会各方积极参与，实现了"千万工程"的点定到哪里，相关部门的扶持政策、项目资金、指导服务就配套到哪里。管城市的部门第一次管到了农村，建城市的资金第一次用到了农村。习近平同志在浙江工作期间，一直亲自抓"千万工程"的部署落实和示范引领，这也成为浙江历届省委雷打不动的惯例。在省委带头引领下，浙江各地建立了"一把手"责任制，党委书记直接抓，党政主要领导还各联系一个村，抓点做样板。

二是建立规划先行、分类施策的引导机制。浙江省要求各地在人居环境整治上"七分力量抓规划、三分力量搞建设"，按照缩减自然村、拆除"空心村"、改造"城中村"、搬迁高山村、保护文化村、培育中心村的原则，城乡一体编制村庄布局规划，确定200个省级中心镇、4000个中心村和1.6万个保留村，形成了以"中心城市—县城—中心镇—中心村"为骨架的城乡空间布局体系。同时，因村制宜编制村庄建设规划，形成了以县域美丽乡村建设规划为龙头，村庄布局规划、中心村建设规划等衔接配套的规划体系。

三是建立循序渐进、迭代升级的发展机制。经过广泛调研和充分研究，浙江省从群众反映最强烈、花钱少见效快的整治环境脏乱差问题入手，整治垃圾、处理污水、硬化道路。根据轻重缓急逐县推进，以星火燎原之势全域推进农村人居环境治理。全省累计硬化村内主干道4.3万公里，添置垃圾箱130万个，种植绿化苗木3500万株。一大批"脏乱差"的村庄变成了"水清、路平、灯明、村美"的洁净村庄。在村庄整治基础上，进一步推动农村区域整体面貌的提升，改变单点式的整治方法，深入开展"五水共治""三改一拆""四边三化""双清"行动和全域性整乡整镇环境整治，把一个个"盆景"连成一道道"风景"，全域推进美丽乡村建设。实施美丽庭院、精品村特色村和美丽乡村风景线、示范乡镇、先进县示范县"联创联建"，实现"绿不断线、景不断链、移村换景、村村见景"，从"一处美"迈向"一片美""全域美"。在曾经的"水晶之都"浦江县，掀起了一场水晶产业整治雷霆行动，摘掉了"全省最脏县"的黑帽子；海盐县发动了"生猪养殖业减量提质转型升级"行动，引导养殖户走上转产转业、绿色发展之路，江南水乡重现生机；安吉县已经成为"两山"转化的活样本。

四是建立以人为本、互促互进的转化机制。浙江省坚持以人民为中心，以人居环境的改善促进农村的全面发展。充分运用"千万工程"成果，大力发展乡村旅游、养生养老、运动健康、电子商务、文化创意等美丽业态，变"种种砍砍"为"走走看看"，变"卖山林"为"卖生态"，田园变公园，农房变客房，从而打开了"两山"转化通道。2020年，全省农村居民人均可支配收入31930元，连续36年位居全国第一，城乡居民收入差距缩小到1.96∶1。转变村庄经营方式，把美丽经济发展与村集体经济壮大有机结合起来，以土地入股、资产入股等形式发展美丽经济或配套产业，走出了一条"美丽生财"的好路子。农民群众的获得感明显增强，更加积极支持和参与"千万工程"。

五是建立党建引领、长效运行的保障机制。基层党建工作贯穿始终、牵引带动，深化基层党建"整乡推进、整县提升"，高标准落实农村基层党建"二十条"。广泛推行干部驻村联户、结对帮扶等服务群众机制，建好用好农村党群服务中心。实施农村头雁工程，开展评选"千名好支书"活动，发挥好党支部的战斗堡垒作用、党员的先锋模范作用。利用"千万工程"建设带来的客流和商机，通过景区经营、物业经营、配套服务和"飞地抱团"等途径，发展村级集体经济，消除年收入10万元以下集体经济薄弱村，夯实党在农村的执政基础，强化乡村党员干部的执行力、战斗力和号召力。"三分建、七分管"，浙江省合理划定政府、村级组织和农户的管护责任，建立乡镇综合管护、村级自行管护、专业第三方管护互为补充的长效管理机制，在乡镇设立公共设施管护机构，有条件的地方推行第三方物业化管护。

（三）改革创新出经验

浙江省委省政府按照习近平总书记指明的方向，一张蓝图绘到底，一任接着一任干，坚持不懈推进"千万工程"，造就了万千个富裕、文明、宜居的美丽乡村，同时也探索出了许多创新性的改革方法，形成了一套"浙江经验"。

一是始终坚持高位推动，党政"一把手"亲自抓。全省上下形成党政"一把手"亲自抓、分管领导直接抓、一级抓一级、层层抓落实的工作推进机制。省委、省政府把农村人居环境整治纳入为群众办实事内容，纳入党政干部绩效考核和末位约谈制度，强化监督考核和奖惩激励。注重发挥各级农办统筹协调作用，发展改革、财政、自然资源、生态环境、建设等部门配合，明确责任分工，集中力量办大事。

二是始终坚持以绿色发展理念引领农村人居环境综合治理。浙江省始终坚持以"绿水青山就是金山银山"、城乡统筹发展等理念为引领，把可持续发展、绿色发展理念贯穿于改善农村人居环境的各阶段各环节全过程，认真及时贯彻中央决策部署，准确把握乡村发展规律，切实把"千万工程"作为推动农村全面小康建设的基础工程、统筹城乡发展的龙头工程、优化农村环境的生态工程、造福农民群众的民心工程，为增加农民收入、提升农民群众生活品质奠定基础，为农民建设幸福家园和美丽乡村注入动力。

三是始终坚持真金白银投入，强化要素保障。浙江省建立政府投入引导、农村集体和农民投入相结合、社会力量积极支持的多元化投入机制，省级财政设立专项资金、市级财政配套补助、县级财政纳入年度预算，真金白银投入。据统计，浙江省级及以下财政累计投入村庄整治和美丽乡村建设的资金超过 2000 亿元。积极整合各类资金，下放项目审批、立项权，调动基层政府积极性、主动性。

四是始终坚持强化政府引导作用，调动农民主体和市场主体力量。建立"政府主导、农民主体、部门配合、社会资助、企业参与、市场运作"的建设机制。政府发挥引导作用，做好规划编制、政策支持、试点示范等，解决单靠一家一户、一村一镇难以解决的问题。注重发动群众、依靠群众，从"清洁庭院"鼓励农户开展房前屋后庭院卫生清理、堆放整洁，到"美丽庭院"绿化因地制宜鼓励农户种植花草果木、提升庭院景观。完善农民参与引导机制，通过"门前三包"、垃圾分类积分制等，激发农民群众的积极性、主动性和创造性。通过政府购买服务等方式，吸引市场主体参与。广泛动员社会各界力量，形成全社会共同参与推动的大格局。

五是始终坚持有序改善民生福祉，先易后难。浙江省坚持把良好的生态环境作为最公平的公共产品、最普惠的民生福祉，从解决群众反映最强烈的环境脏乱差做起，到改水改厕、村道硬化、污水治理等提升农村生产生活的便利性，到实施绿化亮化、村庄综合治理提升农村形象，到实施产业培育、完善公共服务设施、美丽乡村创建提升农村生活品质，先易后难，逐步延伸。创建示范村、建设整治村，以点串线，连线成片，再以星火燎原之势全域推进农村人居环境改善，探索农村人居环境整治新路子，实现了从"千万工程"到美丽乡村再到美丽乡村升级版的跃迁。

六是始终坚持因地制宜，分类指导。浙江省注重规划先行，从实际出发，实用性与艺术性相统一，历史性与前瞻性相协调，一次性规划与量力而行建设相统筹，专业人员参与同充分听取农民意见相一致，城乡一体编制村庄布局规划，因村制宜编制村庄建设规划，注意把握好整治力度、建设程度、推进速度与财力承受度、农民接受度的关系，不搞千村一面，不吊高群众胃口，不提超越发展阶段的目标。不照搬城市建设模式，分区域、分类型、分重点推进，实现农村人居环境改善与地方经济发展水平的协调统一。

七是始终坚持系统治理，久久为功。浙江省坚持一张蓝图绘到底，一件事情接着一件事情办，一年接着一年干，充分发挥规划在引领发展、指导建设、配置资源等方面的基础作用，充分体现地方特点、文化特色，融田园风光、人文景观和现代文明于一体。坚决克服短期行为，避免造成"前任政绩、后任包袱"。推进"千万工程"建管并重，将加强公共基础设施建设和建立长效管护机制同步抓实抓好，坚持硬件与软件建设同步进行，建设与管护同步考虑，通过村规民约、家规家训"挂厅堂、进礼堂、驻心堂"，实现乡村文明提升与环境整治互促互进。

二、贵州省遵义市播州区花茂村筑造花繁叶茂新乡村

花茂村地处贵州省遵义市播州区西部，距城区 50 公里，距 G75 高速枫香站十几分钟的车程。展现在眼前的是白腊河逶迤流淌，大棚里西红柿果实累累，黔北民居错落点缀，摆渡车上笑声迭起，一派红火景象。很难想象，曾经的花茂村"雨天一身泥，晴天一身灰，鸡鸭满天飞"，是名副其实的黔北穷山村。2012 年，全村四千多人，有一千多人外出打工。

花茂村的转变源于政府推动，2009 年花茂村进入遵义市创建"四在农家"试点范围；2014 年，贵州省实施的"四在农家·美丽乡村"建设行动，再次把花茂村列入升级创建范围。同时，花茂村也具备振兴发展的优势，例如，毗邻苟坝会议会址，拥有土陶、酿酒、民宿、古法造纸等特色物质文化资源，为红色旅游、休闲旅游发展奠定了基础；村里有大片肥沃平坦的耕地，适合发展现代农业等。在政策推动和要素支撑的双轮驱动下，按照整村推进小康建设要求，花茂逐步探索出"强在组织、富在产业、兴在人才、乐在文明、美在乡愁"的"五在"乡村振兴路径。

如今的花茂村已经发展建设成为"望得见山、看得见水、记得住乡

撰稿：中共遵义市播州区委组织部　蒋远东、何化伟
农业农村部农村经济研究中心　包月红

愁"的最美田园。"十三五"期间，花茂村先后荣获"全国先进基层党组织""全国民主法治示范村""全国最美红村""全国美丽乡村示范村""中国美丽休闲乡村""全省党建扶贫示范基地""全省脱贫攻坚先进基层党组织"等称号，花茂村旅游扶贫做法入选"2019世界旅游联盟旅游减贫案例"。

图 7-2　花茂村新貌

（一）联户联心，推动"强在组织"

多年来，花茂村认真践行习近平总书记重要指示精神，以提升政治功能和组织力为重点，深入实施"群众抱团、党群联心"的联户联心工程，把党支部建设成为引领乡村发展的坚强战斗堡垒。

一是网格化党组织联户。按照地域相邻、产业相近原则，在党总支部下设党支部2个、非公支部2个、协会党支部1个、坝区产业党支部1个。将全村划分为12个网格，在每个网格内推选有影响力的农村党员、村民组长或致富能手担任中心户长。构建起"1名村干部联系10户党员、

1 户党员联系 10 户群众户"的联系服务机制，抓牢"三会一课"制度，推进"两学一做"学习教育常态化，教育引导党员干部提高为民服务意识。

二是科学化带队伍提能。建强村党组织书记、基层党员、致富带头人"三支队伍"，提升组织领导带动能力。在全省率先推行书记、主任"一肩挑"，从高校毕业生、退伍军人、致富能手中培养村干部，选择善经营、会致富、带动力强的优秀青年发展党员、致富带头人。现任"两委"班子中有省党代表 1 名、区党代表 1 名、镇党代表 4 名。

三是长效化代办制联心。大力实施"民思我想、民呼我应、民需我办、民困我帮、民气我顺"的"五民工作法"，建立干群月月见面会和代办事项公开制度，打通联系服务群众的"最后一公里"。在全村遴选 12 名便民代办员，通过发放代办明白卡，设置代办事项登记室、金融服务点、便民超市等，将交水电费、小额存取款、购置日常用品等便捷服务送到群众家门口。自 2019 年以来，为村民代办各种证照 100 余个，提供办事咨询 3000 余人次，帮助村民排忧解难 300 多件。2016 年花茂村获评"全国先进基层党组织"。

（二）农旅并进，推动"富在产业"

围绕农村产业革命"八要素"①，践行"五步工作法"②，大力发展现代高效农业和乡村旅游，促进群众返乡创业就业致富。

一是发展现代高效农业，土地种出"金元宝"。2014 年，当地与山东寿光九丰公司合作，投资 1.3 亿元，建成占地约 15 万平方米，集智能温控大棚、深加工车间、生态餐厅于一体的现代观光农业公园。在龙头企业的带动下，采取"龙头企业+合作社+大户+农户"组织方式，带动农民就

---

① "八要素"包括产业选择、培训农民、技术服务、资金筹措、组织方式、产销对接、利益联结、基层党建。
② "五步工作法"包括政策设计明思路、工作部署定任务、干部培训强能力、监督检查抓落实、追责问责增实效。

业 200 余人。采取"村社合一"模式成立绿动九丰、花茂乡村旅游协会等专业合作社 5 家，培育家庭农场 2 家，发展种养大户 15 家。全面建立利益联结机制，大力发展"订单农业"，推动群众土地流转收租金、资金入股变股金、就近务工挣薪金、入股分红分红金。2020 年，坝区发展"稻+蛙（鸭）"共生模式 1214 亩、蔬菜 800 亩，实现总产值 6200 余万元，平均亩产值达 3 万元，实现农产品销售额 2500 余万元；带动全镇840 户建档立卡低收入户入股分红、326 户建档立卡户就近务工，实现户均增收 2000 元以上。

二是发展乡村旅游，把田园风光变成"聚宝盆"。紧扣新农村建设和乡村振兴战略，依托境内山清水秀的良好生态和独具特色的黔北民居，先后建设陶艺文化创意一条街、九丰生态农业观光体验园、红色之家、乡愁小道、真理小道等特色景点，打造了"一街一园一家两小道"经典旅游线路，推动以红色游、田园游、体验游为主导的乡村旅游蓬勃发展。自2015 年以来，通过发展乡村旅游，带动农户发展乡村旅馆 7 家、特色农家乐 13 家、电商 6 家、文化企业 4 家，打造文化创意产品 30 余种，带动就业 300 余人。截至 2021 年 5 月，全村累计接待游客 470 万人次，实现

图 7-3　游客在"花茂人家"创作花纸画

旅游综合收入 36.91 亿元。先后被评为"全国最美红村""全国美丽乡村示范村""中国乡村旅游最佳目的地"。产业发展带动村民走上致富路。2016 年，花茂村实现整村脱贫。2012~2020 年，外出务工人员从 1775 人减少到 466 人，村民人均可支配收入由 6478 元增长到 20226 元。

（三）双联帮带，推动"兴在人才"

通过引进龙头企业育才、发展产业引才，为花茂村发展提供人才保障。

一是人才基地联帮带动。坚持以农业园区为载体、特色产业发展为抓手、人才培训为手段，着力把花茂九丰农业园区打造为"黔北现代山地高效农业人才基地"，为花茂村培训新型职业农民 2300 余人次。整合各类培训资源，依托"合作社+基地+农户"模式，通过教室集中教学与田间地头现场教学相结合，累计培养专业技术人才 30 余人，农村实用人才 1600 余人。

二是本土人才联育驱动。着力培育传统工匠人才，多次组织村民参加文化产业市场培训和旅游产业博览会，选派 25 名非遗传承人到浙江杭州、江西景德镇等地参加农业产业化、旅游精品化培训。通过带领乡土人才"走出去"，进一步开阔视野，提升技能，促进当地各项传统工艺、文化更好适应市场需求，创造更多价值。村民开办的"花茂人家"古法造纸工坊，成为当地的一大亮点。

三是优势转化联引拉动。依托遵义市"双千帮带"工程，利用当地龙头企业的技术优势，发挥省市人才基地、省级农业园区示范引领作用，将科技、人才资源转化为生产力。积极组织开展创新创业培训和"订单""定岗式"劳动力转移就业培训，着力把当地农民变成新型职业农民和产业工人。

（四）三治融合，推动"乐在文明"

积极探索德治、法治、自治"三治融合"治理模式，有效促进家风、民风、村风"三风转变"，村民幸福感满意度显著提升。

一是以德治教化家风。组建花茂感恩教育宣讲队，广泛开展"感恩教育进农家"等主题教育，同时邀请党的十九大代表、时代楷模等先进人士到村宣讲，推动党的声音进万家。建立"道德红黑榜"，推动以榜样力量教育引导群众传承家风、孝老爱亲、热心公益。

二是以法治淳化民风。为了促进村内法制化水平，专门聘请法律顾问，设立法律服务室、矛盾纠纷调解室、义务群防群治队伍等，定期开展"法律八进"活动，营造办事依法、遇事找法、解决问题靠法的良好氛围。自 2020 年以来，开展法律服务 126 次，调解矛盾纠纷 107 件。以"雪亮工程"为契机，安装天眼 114 个，实现重要路段硬件监控全覆盖。搭建报警、咨询、服务、宣传一体的"平安 App"，为村民提供触手可及的法治服务。

三是以自治净化村风。实行"一中心一张网十联户"社会治理模式，严格落实"四议两公开"等基层民主自治制度。建立健全行政事务准入制度、群众议事决策机制，修订完善《村规民约》。成立新时代家风理事会、红白喜事理事会、卫生监督理事会、文化传承理事会、乡贤理事会等"五会"群众自治组织，创新自治方式，提升基层群众自治水平。

（五）守创同频，推动"美在乡愁"

坚持"在守护中传承、在传承中创新"，打造"记得住乡愁"的美丽田园。

一是守护乡愁文化之"矿"。邀请浙江大学专家编制《花茂村"四在农家·美丽乡村"提档升级规划》，按照小青瓦、坡面屋、穿斗枋等黔北民居七要素，突出老木屋、石板路、篱笆墙、瓦龙门等传统建筑风貌保护，把村庄作为景区来打造。目前，全村累计新建改建黔北民居 1000 余栋，串户路硬化率达 100%，安装太阳能路灯 300 余盏，新建人工湿地生态污水处理池 4 个，种植绿化树木 2500 余亩，治理生态景观河道 8.8 公里，完成"三改"1110 户，农村卫生厕所普及率达 100%，森林覆盖率达 58%。

二是传承乡愁文化之"脉"。深入挖掘红色、民俗、农耕、土陶、造纸等乡愁文化，加强非遗文化传承保护，打造了匠心园一条街、陶艺文化创意一条街、古法造纸特色商品馆等乡愁文化传承基地。加强农村公共文化设施建设，新建和完善农民文化家园、农家书屋、篮球场、健身场等公共设施，组建龙灯队、花灯队、管乐队、广场舞等文艺工作队伍。自2017 年以来，开展文化进万家 56 次，举办端午节、农民丰收节、重阳节等节日文体活动 21 次，地方民俗文化得到传承和发扬，群众精神文化生活不断丰富。

三是创新乡愁文化之"路"。坚持"守创融合"，推动"乡愁文化"变"产业孵化器"，开发了陶器、宣纸、油纸伞等一批乡愁文创旅游产品，创作歌曲《又见乡愁》、报告文学《花繁叶茂，倾听花开的声音》等乡愁文艺作品，电视剧《花繁叶茂》在央视综合频道热播。花茂人家推出的"纸浆压花画"作品被 25 国使节定制。传承百年陶艺罐子、美食罐子鸡、古法造纸等传统手工艺作品在央视一套《我有传家宝》栏目展播，将花茂村"舌尖上的乡愁"和"指尖上的文化"向全国观众进行了全面展示。

三、安徽省天长市"清单+积分"压实责任

天长市地处安徽省最东部，全市面积 1770 平方公里，总人口 63 万，下辖 14 个镇、2 个街道办事处，174 个村（社区）。随着农村经济社会快速发展，针对村干部"三资"监督管理工作中以权谋私，侵害群众利益等问题，天长市积极推进村干部积分制管理工作，健全村级小微权力考核评价机制，建立并完善"清单+积分"监督制约机制，有效防治"小微权

撰稿：安徽省天长市乡村振兴促进中心　柏正国
　　　农业农村部农村经济研究中心　李竣

力"腐败行为，全面提升乡村治理的工作成效。

（一）建立健全小微权力清单制度，明确权力边界

一是小微权力管理清单化。2015 年，本着从"小"处着眼、从"微"处着手，积极探索对农村小微权力的管理，选择新街镇试行农村小微权力清单制度，将农村"三资"管理、工程建设、宅基地审批和保障救助等日常运作频繁、村民普遍关心的村级事务各项权力纳入清单目录，将村级小微权力细化为"三资"管理、工程项目、物资采购、公共服务、组织人事及党务村务公开六大类 26 项，并逐步向全市推广。为促进小微权力运行更加规范，天长市先后 3 次修订小微权力清单，切实做到"小微权力进清单，清单之外无权力"，印制《农村小微权力清单和运行规范工作手册》口袋书，确保村"两委"班子成员对村级小微权力边界底线了然于心（见表7-1）。

表7-1　新街镇村级小微权力清单目录

序号	类项	内容
1	三资管理	资产管理；资源管理；资金管理；财务收入管理；财务开支审批；现金管理；项目资金管理
2	工程项目	微型工程；中小型工程；限额以上工程
3	物资采购	物资采购；服务采购
4	公共服务	农户建房；保障救助；低保救助；特困人员供养；救助救济；危房改造；卫生健康服务；再生育审批登记；奖励扶助、特别扶助申报；公章管理；重大会议、重要活动组织
5	组织人事	党员发展；不合格党员处置；后备干部
6	三务公开	党务公开；村务公开；财务公开

资料来源：根据天长市资料整理。

二是小微权力运行高效化。根据全国乡村治理体系建设试点工作要求，按照"市指导、镇负责、村为主"的原则，天长市将村级小微权力监督制约机制与全国农村社区治理试验工作相结合，把"1+N+X"民主

协商机制引入村级小微权力制定、运行、监督全过程。引导村党员干部和群众参与六大类 26 项小微权力清单运行流程制定，对流程不规范或繁琐的，按照于法周延、于事简便的要求简化，明确小微权力行使的法规依据、运行范围、执行主体、程序步骤，进一步优化小微权力操作流程。

三是小微权力内容体系化。围绕村级"小微权力"内涵，分解村"两委"村干部主体责任，构建小微权力清单体系。村党组织书记涵盖个人廉洁自律、班子建设、组织建设、重要决策、群众工作、重点任务落实六大类 10 项责任。村委会主任涵盖个人廉洁自律、三资管理、村务管理、民生工程等五大类 10 项责任。村"两委"副职涵盖个人廉洁自律、分管工作落实、包组工作落实三大类 3 项责任，让村干部知晓自己究竟有哪些权力、怎么运行这些权力。制定村干部权力行使 10 项"负面清单"：不推诿扯皮、不优亲厚友、不乱表态、不做"老好人"、不开假证明、不接受人情推销、不欠公款、不送礼、不违规公款招待等，强化廉洁意识。

（二）建立健全干部责任积分制度，完善履职考核

一是推进责任清单积分量化。为规范村级小微权力运行、促进村干部更好履职尽责，天河市结合"小微权力"清单中的村干部责任清单和负面清单，以积分制管理为抓手，将"清单"内容进行积分量化。2017 年，在新街、汉涧、仁和集镇三个镇开展村干部积分制管理试点工作。2018 年，天河市市委出台《关于建立"清单+积分"监督制约机制规范村级小微权力运行指导意见》。各镇（街）分别出台了《村干部积分制管理实施细则》《村干部积分制管理部门工作考核清单》《村干部积分制管理民主评议细则》等相关文件制度，进一步规范了村干部积分制管理考核工作。村干部积分制考核实行一村一册、一人一档。

二是深化积分管理考核体系。完善村级小微权力积分管理考核体系，将"权力清单"与"部门工作"、"责任清单"与"中心工作"、"负面清单"与"村干部日常管理"相结合，使"清单"运行情况与"积分"管理考核深度融合，提升村级小微权力"清单+积分"监督制约工作成效。

通过对照"清单+积分"管理考核办法，督促广大村干部按照小微权力清单、责任清单和负面清单的要求，认真履行工作职责，扎实做好本职工作，推动乡村治理工作的开展。

三是注重积分考核结果运用。加强积分制管理实施及考核运用，将考核结果与村干部绩效工资、奖金补贴和评先评优挂钩，作为村（社区）干部星级评定、村年度综合考评结果、年终绩效工资的发放和村（社区）干部年度分工的参考依据，并将每年的考核结果全部记录在案，作为换届时选人用人的重要依据。

（三）建立健全三级联动监督机制，加强权力监管

一是发挥好纪委监督执纪记录备案作用。明确要求镇街纪委要切实发挥好监督考核专责作用，对村干部小微权力运行进行记录备案，纳入村干部积分制考核，使积分制考核日常化、规范化、制度化、科学化。2018年，以村"两委"换届为契机，在全市174个村（社区）配齐村级纪检委员，及时督促指导村民委员会公布小微权力清单和责任清单的范围、流程及积分制管理工作；及时将一些苗头性问题反映给上级纪委，对负面清单中的行为记录在案，纳入村干部积分制考核，让村干部不再任性行使小微权力。

图7-4　新街镇兴隆社区积分制管理考核民主评议会

二是发挥好村务监督委员会民主监督作用。编印《村务监督委员会工作指导手册》，建立村务监督委员会监督制度，对村务监督委员会职能和义务作出明确规定，要求村务监督委员会对村级事务办理实行全程监督。事前参与决策，事中跟踪纠偏，事后审查把关，对小微权力的使用全程进行审查。对审查出的问题向上级纪委或村党组织汇报，追究相关责任人的责任，纳入积分制考核。

三是发挥好群众公开参与监督管理作用。将积分制管理、小微权力与互联网相结合，把小微权力涉及服务事项的办理条件、运行流程、实施过程和结果等全过程"线上线下"同步公开，接受群众监督。2020年，在全市推行小微权力"互联网+"监督模式，各镇街通过微信公众号、政府信息公开网及先锋网页等媒介，对村级小微权力事项及权力运行情况进行公开，方便党员干部及广大群众实时监督，让"小微权力"在阳光下运行。

（四）"清单+积分"压实责任管牢权力，提升治理实效

一是提升了村级事务决策成效。推行"清单+积分"监督制约机制，使"小微权力"公开规范运行，为基层群众参与村级事务管理搭建了平台，普通村民也能做到"信息早知道、情况早反映、意愿早表达、工作早参与"，在乡村治理中发挥了重要作用。过去，村级资产资源长期流失在外，村民对集体资产资源不清不楚，通过实行小微权力清单和责任清单，建立了集体资产资源台账，村民对集体资产资源"一清二楚"、明明白白，村干部再也不能随意处置集体资产，有效挤压村干部乱作为的空间。例如新街镇兴隆社区官田水库使用权2014年11月合同到期，社区"两委"按照小微权力清单运行要求，通过集体研究决定对外采取公开招标形式确定新的使用权承包人。当年12月15日开标当天，前来竞标主体近20家，年承包金由原来的1500元增加到42000元，增长了27倍。

图 7-5　兴隆社区官田水库公开发包会议

二是激发了干部干事创业热情。推行"清单+积分"监督制约机制，做到积分制管理考核工作考到具体人、考到具体工作，考核结果直接与村干部个人绩效和荣誉挂钩，是"包产到户"。村级干部责任意识进一步增强，"乱作为、不作为、慢作为"现象得到改观，工作作风进一步好转。2019 年，汉涧镇通过村干部积分制管理考核办法为 122 名村干部发放绩效补贴 34.04 万元，其中，领取绩效补贴最多的是 6326 元，最少的是 1089 元，两者相差 5000 多元。

三是助推了现代乡村治理工作。推行"清单+积分"监督制约机制与全国乡村治理体系建设试点工作相结合，把"1+N+X"民主协商机制引入村级小微权力制定、运行、监督全过程，进一步优化了村级事务工作流程，乡村治理更加便捷高效。如金集镇谕兴社区在推行"1+N+X"协商治理模式后，按照"一事一协商、一点一协商、一片一协商"原则，由党总支书记引领，社区"两委"成员、"两代表一委员"、"五老"人员、新乡贤代表主动参与，利益相关方共同商讨，有效提高了工作成效，减少了群众之间的矛盾。如谕兴社区农贸市场整治和修缮项目，利益相关方诉求不一、意见不一，矛盾重重，谕兴社区协商委员会用时 1 个月，经过会议协商 2 次、走访方式协商 6 次、现场协商 1 次，最终确定了农贸市场整治和修缮方案。

四是防治了小微权力腐败问题。推行"清单+积分"监督制约机制，让村干部在村监委会监督下、在村级事务流程图规范下开展工作，村级事务实现从"暗箱操作"向"阳光操作"转变，有利于消除党群干群之间的隔阂，有利于缩小以权谋私的空间，有利于提升基层组织的公信力，有利于减少基层矛盾的发生，从源头上预防和遏制了腐败问题的发生。2019年至 2020 年 5 月，天长市纪委监委共查处发生在群众身边的"微腐败"问题 16 个，处理 36 人。其中，党纪政务处分 22 人，组织处理 14 人。在查处的 16 起问题中，发生在 2015 年之后的仅有 3 个问题，且均发生在2016 年，其余 13 个问题均发生在 2015 年以前。从发生时间来看，天长市在推行"清单+积分"制度之后，乡村治理水平取得了明显提高。

五是强化了小微权力风险防控。推行"清单+积分"监督制约机制，明确了村干部的职责分工、权力范围、奖惩措施，"照单履责""按单办事"。各镇（街）针对农村集体资源交易等领域廉政风险大的实际情况，加强了对村级招标采购、项目实施、资金拨付、产权交易等重点关键环节的监管，提高了村级事务中"小微权力"的廉政风险防控意识和能力。

四、湖南省宁乡市大成桥镇织密乡村善治网络

大成桥镇位于湖南省宁乡市中部，镇域面积 58 平方公里，辖 8 个村（社区），人口 3.5 万。大成桥镇原是一个典型的资源型乡镇，煤矿关闭

撰稿：湖南省宁乡市大成桥镇人民政府　贺湘锋、贺伟、陈俊磊
农业农村部农村经济研究中心　李竣

退出后，遗留问题较多，社情民意相对复杂，乡村治理难度较大。面对错综复杂的情况，大成桥镇切实加强党组织对各类组织的领导，着力推行以专业化、网格化、清单化、订单化、常态化、长效化"六化"为特色的社团治理模式，引导支部党员、社团会员、家庭成员三位一体参与乡村治理，形成了"社会协同、公众参与"的治理新格局，有力推动了全镇人居环境、乡风民风、平安建设、经济发展等各方面工作的阶段性提升。近年来，大成桥镇相继被评为全国乡村治理示范镇和湖南省文明镇，2020年大成桥镇的鹊山村获评第六届全国文明村。从问题多民意杂到全国乡村治理示范镇，大成桥镇探索出了一条以社团为核心的善治之路。

（一）构建"专业化+网格化"的社团治理体系

针对乡村治理事多事杂、人手不够的难点，大成桥镇积极发挥村民治理主体作用，按照"专门人做专门事"的治理思路，在网格化管理的基础上，进一步拓展社会化服务，织密乡村社团治理体系。

一是搭建"1+6"的专业社团服务模式。立足镇域治理需要，以大成桥镇志愿者协会为1个核心，延伸成立了凝成文明劝导服务中心、惠成平安服务中心、社会禁毒协会、围鼓戏协会、工商业联合会、巾帼风采志愿服务队6个社团组织，搭建起"1+6"的社团组织框架。每个社团设立3~6名理事会成员作为管理骨干，按照不同职能定位积极吸纳村民参与，其中志愿者协会以村民互帮互助为主，广泛引导社会群众参加，目前，已发展会员3200余人；其余6个社团的职能具有专业性、精准性的特点，主要吸纳威望较高、组织协调力较强、具有相应履职经验的人员，目前共有成员528人。

二是建立"网格+社团"的协调联动机制。依据村民小组分布，将全镇划分为153个治理网格，由巾帼风采志愿服务队会员、妇女组长等担任网格管理员，负责及时收集上报需要提供社团服务的事项信息，并为社团提供引路、反馈、评价等附加服务。相关事项实行"1+1"处理机制，即网格管理员在1天内上报问题信息，社团在1天内解决到位，实现"一员采集、联动处置"，确保了"小事不出村、大事不出镇、矛盾不上交"。

三是推动形成乡村治理共同体。大成桥镇积极延点扩面，推动所有镇村干部自愿加入志愿者协会，吸纳市域内绝大部分的大成桥籍企业主加入工商业联合会，并由镇妇联、共青团、工会等对口联系其前往相应社团工作。通过"社团织网"，充分集聚政府、社会、市场和群众等多方资源，将治理覆盖面更多延伸到各阶层、各领域。目前，社团带动人口覆盖率达24.8%。

（二）推行"清单化+订单化"社团治理模式

针对社团组织组建容易运行难、脱离实际等现实问题，大成桥镇将社团服务内容细分为具体项目，并以清单化、订单化的模式开展服务，倒逼服务水平升级，推动社团治理由被动响应向主动服务、由传统单一向多元创新、由单向治理向群防群治转变。

一是合理界定社团治理范围。坚持以服务发展大局、服务群众美好生活的"两服务"为导向，以发挥政治上的桥梁纽带作用、业务上的引领聚合作用、服务上的平台载体作用"三作用"为中心，打破行政化、官僚化倾向，做到力量下沉、资源下沉、服务下沉。镇党委、政府以清单形式出台《社团组织协助政府工作事项》，通过政府授权或购买服务，支持7个社团在政策宣讲、生态建设、乡风文明等11个领域开展34项业务。

二是开展"清单化"日常服务。各社团详细制定项目化的服务内容及操作流程，按年度要点、季度重点和月度节点拟定阶段任务书、画出每日施工图，自觉开展精细化项目服务。如凝成文明劝导服务中心针对农村酒席大操大办、人情攀比等陈规陋习开展治理，充分发挥"五老"、新乡贤等成员的威望优势，上门耐心劝导，对重点人员专人对接做工作，大力倡导"丧事简办、婚事新办、其他事不办"等文明新风。社会禁毒协会积极开展禁毒宣传教育，实施社区戒毒人员"一对一"帮扶，帮助全镇157名吸毒人员戒除毒瘾，实现有就业意愿人员全部就业，树立了12名成功创业典型，实现了禁毒工作"七个零"目标。工商业联合会强化行业自律，坚持抱团发展，培育壮大了"湘都生态""贪吃侠"等一批优质农业企业，帮助约3000名当地群众实现家门口就业，增收达1.1亿元。

图7-6 大成桥镇凝成文明劝导服务中心入户劝导丧事简办推进移风易俗宣讲

三是开展"订单化"专项服务。结合镇里的阶段性工作重点以及群众反映的民生诉求，采取群众吹哨、任务指派、自愿领办等多种方式，推动社团广泛参与到全镇破除乡村陋习、破除发展瓶颈、破除责任边界的"三破"行动之中。如惠成平安服务中心牵头承接零上访、零事故、零发案的"三零"善治村创建，自2019年以来，巡逻1096人次，调处纠纷矛盾307起，协助公安机关破获案件15起，全镇民间纠纷发生率和刑事案件发案率下降均超过10%。2020年，面对新冠肺炎疫情，志愿者协会迅速响应，第一时间采购募集医疗物资，采购口罩30万只、消毒液和酒精3000公斤，义务开展对防疫重点区域的消毒，为居家隔离人员代购或赠送物资，志愿服务超过5000人次，首创的"一封告知函"模式作为基层实践创新被纳入宁乡市"十个一"防疫管理措施并推广应用。

四是引导群众参与全员共治。各社团组织"一月一大扫除""美家美妇""红黑榜"等主题活动，搭建基层民主协商对话、乡友筹资投劳等线上线下平台，引导村民参与到乡村治理中来。其中，"一月一大扫除"活动群众参与度超过 85%；志愿者协会牵头发起的"深度贫困户爱心扶贫基金"年均募集资金 12 万元以上，倡导的"爱在大成"公益助学活动成功为 21 名学生找到 11 位助学"天使"。以社团评价为依托，创新设立的"功德银行"，面向全镇所有群众开展"存美德、挣积分、得实惠"活动，营造了"好人好事人人做、典型事迹人人评"的乡村新风尚。全镇居民参与好人好事蔚然成风，邻里互助行善积德成为自觉行动，捐款投劳参与乡村建设热潮兴起。自 2019 年以来，全镇共启动群众筹资的美丽乡村和美丽屋场建设项目 151 个，撬动社会资金投入超过 1300 万元。

图 7-7　大成桥镇鹊山村推行功德银行暨筹资投劳推进美丽屋场建设活动

（三）夯实"常态化+长效化"社团治理保障

立足社团高质量发展目标，大成桥镇党委、政府积极与社团开展对接，全程做好政策保障并加大对社团治理的工作指导，不断优化社团发展和协同治理环境，确保持续发展，久久为功。

一是舞活党建龙头。坚持和加强党对农村工作的全面领导，将党建工作嵌入社团组织孵化、发展全过程。按照"管行业联社团"原则，由镇党委、政府的分管领导和负责人联系对应社团并派驻社团指导员，在社团成立、章程制定、活动开展、业务提升等方面强化政治领导和业务督导。在全市率先成立社团联合支部，镇党委选派总支书记，各社团负责人为支委成员。社团成员中党员比例达61%，最多的超过80%。

二是激活内生动力。坚持以"专业、担当、奉献"的社工精神来凝聚和激发社团力量，组织各社团竞赛考评，将社团成员纳入"大成之星"评选范围，将优秀成员纳入预备党员和后备干部人选，提名推荐为"两代表一委员"，帮助社团开展集中培训，积极组织社团新老成员开展"传帮带"互助提升，不断提高社团成员政治素养、道德品质、业务能力，激发起干事创业的热情。各社团成员着力做好治理工作，积极总结宣传实践经验，在市级以上媒体推出各类报道80余篇，"我是大成人，我为大成好"的治理氛围日渐浓厚，踊跃加入社团的村民越来越多。

三是强化政策保障。在治理定位、项目帮扶、运行资金等方面给予社团一系列政策保障，确保社团安心运行、放心服务。如出台《大成桥镇进一步加强和改善乡村治理工作实施方案》，鼓励各村（社区）成立社团分会或分中心，不断延伸治理触角；将镇村部分闲置房产免费提供给社团办公；根据治理成效每年对社团给予3万~5万元的经费保障，并且积极争取上级部门的项目资金支持，更多承接政府购买服务等。

（四）乡村治理彰显实效

通过"六化"社团治理新模式，大成桥镇乡村治理水平明显提升，突出体现为"四无""四不"：

一是乡风文明实现"四无"。①镇域范围无经营性麻将馆。过去赌博成风的现象从根本上得到解决，镇域内深夜再也听不到稀里哗啦的麻将声，取而代之的是健身、舞蹈、文艺创作、社会公益行动等活动，村民生活品质得到提升，乡村风气得到好转。②婚丧嫁娶以外无酒席。全镇婚丧嫁娶节俭办理、婚丧嫁娶以外禁办酒席，红白喜事不燃放烟花鞭炮已成广大干部群众的共识，极大减轻了村民负担。自 2019 年以来，村民每场丧事开支由近 8 万元减少到 2 万元以下，全镇群众婚丧喜庆事费用负担年减轻 1.2 亿元。③邻里之间无礼金往来。通过宣传引导和文明劝导，群众自觉做到婚丧嫁娶酒席期间不收受非亲属礼金，户均人情支出由一年 1.5 万元锐减至 5000 元。④功德银行积分无空白。自 2020 年以来，大成桥镇以家庭为单位发放"功德银行"存折 8850 本，引导村民积极踊跃参与乡村治理，得到群众热烈响应，8850 个存折本上均有活动积分。截至目前，全镇累计积分逾 5 万分，公众参与功德善举蔚成风气。

二是乡村治理实现"四不"。①干群关系不紧张。以社团治理为纽带，镇村干部积极联组入户，倾听群众声音，开展细微贴心服务，干群关系显著融洽。②矛盾纠纷不上交。充分发挥社团贴近群众、了解群众的长处，社团成员往往第一时间赶赴社会矛盾纠纷调解现场，在党政领导不参与的情况下，在萌芽状态即被化解。"小事不出村、大事不出镇、矛盾不上交"已成为大成桥镇的真实写照。③项目建设不受阻。通过社团耐心做好宣传引导工作，在征地、拆迁、修路等项目建设上，群众积极拥护支持并为项目建设加速推进提供良好社会环境，共同推动大成桥镇产业发展蒸蒸日上。④公众参与不缺位。广大群众通过筹资酬劳等方式积极参与全镇各项事业建设，社会氛围持续向好，公众参与公益事业和志愿服务的热情高涨。

第八章

提升农民现代化

一、山西省小农户融入现代化

你在城里放心挣钱，我在村里帮你种田。长治市屯留区农经中心侯主任说，"我们在农业生产中大胆探索保姆式全程托管、菜单式环节托管等社会化服务新模式，较好地解决了当前绝大多数青壮年农民进城后'种地没精力、撂荒舍不得'的难题。同时，也为解决今后谁来种地、如何种好地、如何进一步提升农业现代化水平的难题，探索出了一条新路"。他算了一笔账：2020 年，全区农业生产托管面积达 60 万亩，服务小农户4.87 万户，每亩节本增效 330 元，效益可观。

屯留区是山西省农业生产托管探索创新的一个缩影。早在党的十九大报告提出实现小农户和现代农业发展有机衔接时，山西就开始了代耕代种等托管模式的试点。2017 年，农业部、国家发展和改革委员会、财政部联合印发《关于加快发展农业生产性服务业的指导意见》后，山西把农业生产托管作为重点工作大力推动，在促进小农户与现代农业发展有机衔接、推动农业适度规模经营等方面，总结了一批可复制、可推广的典型做

撰稿：山西省农业农村厅　李固、郝丽
中国社会科学院农村发展研究所　芦千文

法，得到了国家农业主管部门充分肯定，成为全国农业社会化服务平台整省试点之一。

图 8-1　2020 年 10 月中国农业生产托管万里行在山西省寿阳县正式启动

（一）立足"谁来种地、怎样种好地"，培育壮大服务主体

一是做好顶层设计，规范行业管理。政策引导、规范管理是农业生产托管高质量发展的前提。山西以农业生产托管试点项目为抓手，下好政策设计先手棋，校准规范管理定盘星，确保在起点上推动农业生产托管高质量发展。①明确战略方向。制定了《农业生产性服务指南》，明确把农业生产托管作为培育农业生产性服务战略性产业的重要内容，并就总体目标、服务原则、服务内容、服务方式、服务评价等作出规范指引。②明确责任主体。将县级人民政府作为托管试点项目责任主体，要求项目实施方案必须由县政府出台，否则下一年不再安排试点项目。临汾市要求 17 个托管试点县财政补助每年不得少于 300 万元。③明确管理标准。制定《农业生产托管服务规范》地方标准，明确了农业生产托管的基本原则、服务方式、服务组织、服务内容及服务要求，对合同管理、风险防控、纠

纷调处进行规范。④明确绩效评价。出台《农业生产托管试点项目绩效评价办法》，对农业生产托管试点项目管理、实施及补助环节、标准等 40项评价指标和评分标准作出规定。对县级政府重视程度高、推进力度大的县，加大支持。对安排任务未开展或开展不好的县退出试点。

　　二是培育多元主体，强化联农带农。农业生产托管在市场主导的服务供需匹配过程中，适应不同类型、不同层次的小农户发展需求，形成了灵活多样、富有活力的多元服务主体。为培育规范有序的农业生产托管服务市场，山西成立了农业生产托管服务联合会，培育托管联合体、农机大户、农民合作社、企业等多元化、多层次、多类型的托管服务主体，带动小农户与现代农业接轨。自 2017 年以来，全省托管服务主体数量快速增加，服务能力和带农能力显著增强。全省农业生产性服务组织发展到 3.2万个，纳入农业部门名录、承担试点项目的主体从 143 个发展到 1323 个。如寿阳县 237 个服务组织新增大型拖拉机 1780 台套，屯留区农业托管中心 38 个服务主体新增智能化、180 马力以上高端机械 61 台套；朔州市宏远农牧有限公司建立了 55 个村级服务站，服务农户近千户。同时，注重发挥农村集体经济组织在双层经营体制中"统"的优势，鼓励村集体经济积极参与，形成了"村集体经济体组织+农户""托管组织+村集体经济组织+农户"等服务组织方式。如寿阳县 7 个村共有 1 万余亩玉米，由村集体统一对接嘉禾公司和农户，省去了公司一家一户签合同的麻烦，促进了集中连片作业。寿阳县南燕竹村成立金穗农民合作社，采用"5+"（"党支部+合作社+供销合作社+农户+科研院所"）模式，全程托管玉米1.1 万亩，2020 年为社员分红 40 余万元，带动周边农户增收 100 余万元。

　　三是推动模式创新，强化示范引领。选树典型、示范引领是激发模式创新内生动力，加快适用模式普及推广的有效办法。山西坚持边探索边总结边推广，以典型引领、互学互促，示范带动各地农业生产托管模式创新。一批可复制、可推广、适用范围广的农业生产托管模式涌现出来。如翼城县探索形成了"三级体系强组织、四个建设保服务、五个降减重落实"的"田专家"服务典型做法，即组建县级农业社会化服务联合体、乡镇农业生产托管服务中心、村级农业生产托管服务站"三级体系"，开

图 8-2　芮城县农业生产托管飞防植保作业

展作业标准化、服务规范化、管理统一化、技术实效化"四个建设"，实现统一采购降农资成本、连片规模生产降作业成本、专业组织服务降务工投入成本和绿色综合防控技术减少农药用量、测土配方减少化肥用量"五个降减"。寿阳县建立了县级统一领导、部门分组指导、乡镇统筹协调、村组组织实施、网格对接管理、群众全民监督的工作机制，农业农村、农经等五个部门分别包干三个乡镇，乡、村统筹调度服务组织规范开展作业，帮扶部门包村协调推进，2245 个网格长逐户、逐地块对接服务，形成"双向选择服务主体、多级联动层层推进"的托管服务模式。屯留区形成了三套餐（提供玉米机收、秸秆还田、深松深耕、旋耕全套作业，适合东部平原地区；提供秸秆还田、深松深耕、旋耕作业，适合丘陵地区；提供玉米机械化烘干、测土配方、储藏等特色托管服务）、六服务（机播、机收、秸秆还田、深松深耕、旋地、烘干）的"屯留做法"。高平市供销社在王何南村探索农户以土地经营权入股、合作社统一经营，农民享受保底收益和效益提成的"土地银行"经营模式，300 户农户 800 亩土地入股，农户在获得保底收益 550 元的基础上根据效益再分红，2020年每亩分红 52 元。同时，各地立足山西"特""优"战略，积极探索经济作物托管，如吉县借鉴家政服务模式，"订单式"开展苹果全生产链托管 1.2 万亩，社会化服务联合体对"果园托管"苹果集中保底收购，分级包装，冷链配置，对接国内外大型优质订单。

四是导入金融保险，破解发展瓶颈。资金难题和生产风险是服务主体提升服务质量、持续发展壮大的重要瓶颈。山西省农业农村厅与建行、太平洋保险等机构签署合作协议，针对服务主体定制信贷、保险业务，有效破解服务主体资金短缺和生产风险问题，山西省农业农村厅与中国建设银行山西省分行签署战略合作协议，联合下发《关于开展农业生产托管金融创新服务试点工作的通知》，通过"产业互联网+大数据+金融"支农方式，开展农业生产托管平台金融创新服务，每年至少为托管服务主体提供 20 亿元资金支持。目前，平台系统 4 款产品正在做最后测试，即将上线。屯留区农经中心、邮储银行、省农担公司签订战略合作协议，提供授信贷款资金 1 亿元。太平洋财保与翼城县合作，开展农业生产托管全周期农村金融服务创新试点，探索农业生产托管"政府+托管联合体+保险+担保+银行"的综合服务模式。

五是加强科普宣传，营造社会氛围。农业生产托管要好到群众心里去，才能成为小农户衔接现代的依靠力量，必须做好政策宣传和群众发动工作。为营造良好的社会氛围，加快推进农业生产托管，山西各地在农民工大量返乡的春节、庙会集聚时间及春耕、三夏、三秋等农业生产托管需求旺盛时期，采取农民喜闻乐见的方式，利用微信群、公众号、墙体标语、宣传条幅、资料发放等途径以及电视、报纸、杂志等媒介，全方位、多层次宣传农业生产托管重要意义、有效方式、重要作用和政策。基层工作人员和服务主体，重点面向小农户"讲明白""算清账"，让小农户认识到农业生产托管的好处。全省试点县在醒目位置刷写墙体标语 3000 余条，建立托管公众号微信群 100 多个，印发宣传资料 50 万余份，营造了开展农业生产托管的良好社会氛围。自 2020 年 4 月以来，央视新闻、《人民日报》等中央媒体 40 余次报道了山西农业生产托管做法经验，学习强国平台 12 次刊登山西托管做法经验。

（二）创新经营方式，凸显托管优势

山西省推动农业生产托管迅速发展，促进小农户与现代农业发展有机衔接，已经探索形成了顺应小农户发展需求的服务规模经营形式，激发了小农户家庭经营潜力，显著提升了农业发展质量和经营效益，为巩固和完善农村基本经营主体奠定了坚实基础。自 2017 年以来，参加托管项目的试点县由 8 个增加至 94 个（占全省 80%），试点面积由 45 万亩增加至398 万亩，增长近 8 倍；服务带动面积由 560 万亩增至 1980 万亩，增长2.5 倍；服务小农户由 26 万户增至 102.3 万户，增长近 3 倍。农业生产托管在促进农业生产规模化、集约化、标准化、绿色化等方面，取得了明显成效。

一是显著提升了经营效益。通过生产托管，带动小农户集中连片耕种，消除田埂、利用边角荒地、减少季节性抛荒等增加了种植面积，改进种植方式提高了亩产，粮食增产增效效果明显。据测算，经耕、种、防、收等全程托管服务的粮食亩均增产 20% 以上、农民亩均增收 350 元以上，社会化服务组织年收入增加 20% 以上。托管服务改变了农民打工和务农"两头忙"状态，农民外出务工更稳定，兼业农户也能更多增加工资性收入。

二是明显促进了品质提升。通过标准化绿色种植等，农产品品质进一步提高，促进了订单农业快速发展，农产品售价有所提高。如临汾市尧都区红福泰合作社使用优质种子、标准化生产，全托管 1360 亩，粮食品质均达到一级精品粮标准，市场价小麦、玉米分别高于普通原粮 0.1 元/斤和 0.05 元/斤；建成集粮食烘干、储存、加工于一体的标准化设备设施，每年烘干约 5600 万斤，可帮助农户减少因晾晒、虫霉等导致的粮食损耗约 450 万斤，降损 8%。

三是明显促进了绿色生产。农业生产托管以统一耕种防收、统防统治、统一购买种子化肥农药等生产资料，实现了标准化生产、新技术推广等，引导农户深耕深松、减肥控药、秸秆还田，增强了土壤蓄水保墒能力，培肥了地力，养成了绿色生产意识。据抽样测算，采用单籽播种等新技术可节约用种 10%~20%，采用统一用肥用药可节肥 17%~30%、节药 15%~30%。寿阳县每年 70 万亩玉米秸秆全部还田，彻底解决了秸秆焚烧的问题，减轻了全县环保和防火压力。寿阳县嘉禾公司采取有机旱作农业技术、不使用地膜，减少施肥 30%。翼城县托管小麦统一化学除草 2.8 万亩，亩减少农药用量 20%~30%。

二、山东省兰陵县培育本土人才

兰陵县地处山东省南部，毗邻江苏省邳州市，总面积 1724 平方公里，下辖 15 个乡镇、2 个街道、604 个行政村居，总人口 147.2 万，其中乡村人口 85 万，占比近 58%。兰陵县是农业大县、蔬菜生产运销大县，常年蔬菜种植面积 115 万亩（含复种面积），每天有 2600 多辆货车满载蔬菜销往全国各地，被誉为"中国蔬菜之乡""山东南菜园"。全面落实乡村振兴战略，发展壮大乡村产业，离不开本土人才这支"主力军"。为解决本土人才不足、成长路径不明、带动作用不强等问题，兰陵县委、县政府创新实施了乡村振兴"鸿雁工程"。"鸿雁工程"以本土人才培育为核心，以培养更多的"土专家""田秀才"，打造一支技能出众、示范突出的乡村振兴"鸿雁"队伍为目的，以实施高素质农民培育项目为抓手，以完善的管理激励机制为保障，打出了选、育、用、管的一整套政策"组合拳"，提升了本土人才的能力素质和社会影响力，促进了产业高质量发展和群众增收致富，形成了乡村振兴的本土人才高地，创造了本土人才培养的"兰陵经验"。

撰稿：山东省兰陵县农业农村局农广校　邵永明
　　　山东省临沂市委农办　刘金华
　　　农业农村部农村经济研究中心　张静宜

图8-3　兰陵县举办乡村振兴"鸿雁人才"技能大赛

（一）政策引导，精准"选雁"

一是优化实施方案。在前期充分调研论证的基础上，2018年11月，兰陵县委出台了《关于实施乡村振兴"鸿雁工程"的意见》，就"鸿雁"人才选拔标准和范围、严格选拔程序、建立激励机制、加强统筹推进四个方面作了具体规定。2021年3月，兰陵县对原意见进行修订和补充，明确了评先树优、重点培养、村委锻炼、参政议政、宣传推介、职称评审、信贷支持、技能比赛、协会支持九项扶持政策，加码鼓励"鸿雁"人才干事创业。

二是明确入选范围。遴选确定的"鸿雁"人才涵盖种植、养殖、农产品加工企业的突出人才，从事农业小微企业、农民合作社、家庭农场、专业大户等农业经营以及农业产前、产中、产后服务的人才，以及非遗传承人、文创人才、民间艺术人才、能工巧匠等。"鸿雁"人才特点突出、标准明确、导向清晰，即具有丰富的农业生产经验，掌握一定的农业新技术，创办家庭农场、合作社或农业企业规模较大、效益良好，示范带动作用显著。

三是严格选拔程序。"鸿雁工程"由县委县政府部署，县组织部和农业农村局联合发布申报通知要求。个人自主报名，村（社区）召开"两委"会议研究推荐上报。各乡镇（街道）在广泛听取意见、深入考察后进行初审，并征求生态环境、公安、信访等部门对初选人员的意见。县委组织部、农业农村局组建以省市级乡村之星、农业部门专业技术人员为成员的评审组，分专业领域进行评选，推出建议人选。人选名单在"兰陵首发"App等新闻媒体公示期满无异议后颁发证书。

（二）结合实际，综合"育雁"

一是立足发展需求，加强专业培训。为促进人才和产业的双提升，兰陵县成立"鸿雁"现代农业研究院，设立大蒜产业技术研究所、植保与土壤改良技术研究所、蔬菜产业技术研究所、畜牧养殖技术研究所、农业机械化研究所5个研究所，各个研究所分别设立实训基地和规模种植基地。以这些研究机构和基地为支撑，根据乡村产业发展的需求实际，精准组织专题培训。如促进兰陵县蔬菜产业转型升级，2019年3月，组织了"'鸿雁'人才对接长三角蔬菜新品种示范种植"专题培训班。为打造代村旅游品牌，满足群众发展电商的需求，2020年3月在代村现场举办智能手机应用和农产品电商培训。

二是理论联系实际，提升培训效果。每年组织到高校的"鸿雁"人才专题培训班、聘请业内专家开展的鸿雁人才能力素质提升班、组织"鸿雁"人才示范基地观摩、将符合条件的"鸿雁"人才纳入到高素质农民培训项目等活动，形成多元的培训体系。依托"鸿雁"人才实训基地随学随用，通过理论培训和现场教学相结合的方式，开拓了"鸿雁"人才的视野，提高了"鸿雁"人才的技能素质，学员满意率超过95%。

（三）推广技术，创新"用雁"

一是开设"鸿雁大讲堂"电视栏目。深挖"鸿雁"人才示范带动的潜力，每年选拔 20~30 名具有一定技术特长的"鸿雁"人才，根据产业特点和农时周期安排电视讲座活动，展示"鸿雁"人才的新形象，发挥"鸿雁"人才的技术引领作用。截至 2021 年 5 月，共拍摄《鸿雁大讲堂》电视专题片 33 个，陆续在兰陵电视台综合频道播出。

二是开设"鸿雁人才说技术"专栏。2020 年 4 月以来，在兰陵县官方资讯平台"兰陵首发 App"开设"鸿雁人才说技术"专栏，不定期挑选表现优秀的"鸿雁"人才，将他们擅长的农业新技术归纳整理、加以提炼，拍摄制作成"鸿雁人才说技术"短视频，让农民群众收看学习。栏目把"鸿雁"人才的生产基地作为教学场所，内容可操作、可复制、看得明、用得上，符合老百姓"口味"。截至 2021 年 5 月，共拍摄制作了 21 期"鸿雁人才说技术"。

三是创建"鸿雁"人才示范基地。依托"鸿雁"人才的优势特色产业，利用先进生产技术和生产模式，精心打造一个示范方、一个样板田、一个精品间，让群众看着学、跟着干，实现"鸿雁"人才带领群众共同发展的目标。截至 2021 年 5 月，全县共创建"鸿雁"人才示范基地 33 个，起到了以点带面的作用。

四是开展"鸿雁人才联系户"活动。为更好地发挥乡村人才的示范辐射带动作用，每名"鸿雁"人才选择 5~10 个联系户，将好技术、好模式、好方法做给群众看，带着群众干，带动周围群众共同致富。截至 2020 年底，全县共带动"鸿雁"示范户 3000 余户。

（四）加强激励，制度"管雁"

一是开展技能比武。兰陵县以现代农业创新、创业项目规划设计比赛为内容，每年举办乡村振兴"鸿雁"人才技艺技能大赛，成绩进入前十名的选手，授予"兰陵县乡村之星""兰陵县十佳鸿雁"等荣誉称号，每人发放奖金1万元。目前，兰陵县已举办乡村振兴"鸿雁"人才技能大赛4次，涌现了一大批优秀"鸿雁"，掀起了"学鸿雁、赶鸿雁、当鸿雁"的热潮。

图8-4　兰陵县拍摄《鸿雁大讲堂》电视专题片

二是落实激励政策。①优秀"鸿雁"人才优先推荐为各级优秀共产党员、沂蒙乡村之星、齐鲁乡村之星、劳动模范等先模人物。②作为村（社区）"两委"后备力量重点培养，培养锻炼期间表现优秀的，积极推荐任职村（社区）"两委"干部。③积极推荐政治素质高、参政议政能力强的"鸿雁"人才作为各级"两代表一委员"人选。④"鸿雁"人才参与评审农民技术职称时，可根据贡献情况予以适当加分，对于特别优秀的"鸿雁"人才，优先推荐到省、市相关部门，申报更高级别的农民职称，2019年获评技术职称的56名高素质农民中80%以上是"鸿雁"人才。

⑤支持"鸿雁"人才分领域成立各类"鸿雁"人才协会，对注册程序合规、生产经营规范、示范引领和辐射带动作用发挥较好的，每年给予3万元的工作经费奖励。

三是形成服务合力。各部门齐抓共管，实施"鸿雁工程"列入全县经济社会发展综合考核指标体系。县委常委会议、县政府常务会议每年定期研究"鸿雁工程"实施情况，每年召开"鸿雁"人才座谈会，听取"鸿雁"人才发展情况报告，了解他们在生产经营中的难题与阻力，由县委、县政府部署安排相关部门共同解决。县财政局把相关工作经费列入年度预算，县农村商业银行制定优惠扶持政策，提供金融支持。县农业农村局建立了"鸿雁人才"电子档案和"兰陵县鸿雁人才管理群"，提高了管理和沟通的效率，形成了服务"鸿雁"人才的合力。

（五）为乡村振兴提供强有力的本土人才支撑

兰陵县"鸿雁工程"实施三年多来，已培养了1200名各类"鸿雁"人才，覆盖974个自然村，带动了6000余户共同致富，在人才的推动下，一大批农业新技术、新成果得到推广应用，促进了农业产业的转型升级，为乡村振兴提供了强有力的人才支撑。

一是农业从业人员整体素质逐步提高。通过实施"鸿雁工程"，涌现了一大批"土专家"和"田秀才"，这些"鸿雁"人才已成为各个行业的领军人物或行家里手，为乡村振兴培养了一批精尖人才，其中有一位"鸿雁"人才已申请获批了两项蔬菜种植技术发明专利。同时，提高了"鸿雁"人才的社会地位，也吸引更多的年轻人从事到农业行业，确保农业后继有人。近年来，从事农业的年轻人的比例增长了4.14%，返乡人才增长了1.52%，农村技术人才增长了1.1%，新型农民增长了0.83%，逐步形成了农村人才方阵梯队。这些"鸿雁"人才以实践型、知识型、科技型和示范带动型的身姿，展现在农业生产的第一线，成长为推动乡村振兴的一支中坚力量。

二是示范引领取得显著成效。许多"鸿雁"人才在创业发展过程中，不仅提高了自己的家庭收入，还带领周围群众共同致富，起到了良好的示范带动作用，由原来的"各自为战"到现在的"联合作战"，实现抱团发展，发挥了团队的作用。农民自发成立的新型职业农民创业联合会、"鸿雁"人才协会、果树协会、食用菌协会、蔬菜协会等社会团体在各自领域发挥了示范引领作用，推动了农业现代化发展。"鸿雁"人才的联系户平均增收10%以上。

三是农业转型升级加快推进。兰陵县率先推出了打造长三角"菜篮子"的工作方案，推出"五品五标"体系评价标准。蔬菜产业升级与"鸿雁"人才培养同步推进、相互促进，据农业局数据，兰陵蔬菜在长三角市场的占有率提高了5个百分点，并由以前进批发市场的大路货为主向进商超的高质量产品加速转型。通过"鸿雁工程"的示范带动、科技推广、引领辐射作用，经营结构持续优化，截至2021年5月，全县注册农民专业合作社2525家，注册家庭农场1779家，有151家新型农业经营主体被认定为农业龙头企业（其中省级9家、市级67家、县级75家），全县共认证绿色食品87个，拥有地理标志农产品3个，蔬菜年销售量超500万吨。实现"一只鸿雁带动一个区域""一只鸿雁带动一个产业""一只鸿雁带动一个品牌""一只鸿雁带动一个产品"，推动农业的区域化、产业化、规模化发展，全面助推乡村振兴。

三、山东省曲阜市打造新时代文明

"我今天讲的是少年英雄潘冬子勇斗恶霸胡汉三的故事……"初夏时节，在曲阜市尼山镇鲁源新村的新时代文明实践站里，三年级的小学生正在声情并茂地演讲。这已经是当地第5次开展"尼山书屋亲子读书会"了，和往常不同的是，这一次的活动主题从"诵读国学经典、争做美德

撰稿：山东省曲阜市委宣传部　陈贞地、赵华
　　　山东省曲阜市农业农村局　荀志强
　　　农业农村部农村经济研究中心　郭军

少年"变成了"读红色经典、讲红色故事"，诵读内容不仅有《大学》《论语》，还增加了《闪闪的红星》等作品，现场 20 多名学生和家长一起分享英雄故事。这种党史学习场景，在曲阜市各村居、社区比比皆是，这是山东曲阜弘扬优秀传统文化推进新时代文明实践的一幕。

建设新时代文明实践中心，是用中国特色社会主义文化、社会主义思想道德牢牢占领农村思想文化阵地的战略部署。山东曲阜是儒家文化的发源地，长期以来，受儒家传统文化的熏陶，这里的人们沿袭着一种古朴、传统的生活习惯。2013 年，曲阜市坚持优秀传统文化"创造性转化、创新性发展"方针，以"新时代、新思想、新农民、新生活"为主题，以志愿服务为主要形式，精心践行"讲、评、帮、乐、庆"新时代文明"新五艺"活动，将传统和优良习惯与新时代文明实践活动相衔接，为齐鲁乡村文化振兴提供了"曲阜样板""曲阜经验"。

（一）组织保障固基础

一是健全工作机制。曲阜把文明实践中心建设试点工作作为"一把手"工程，由市镇村三级书记亲自抓。成立市委书记任主任的新时代文明实践中心和市委书记、市长任总队长的新时代文明实践志愿服务总队，设立的正科级新时代文明实践中心办公室；每年拨付 2000 万元专项资金用于加强实践中心阵地建设、队伍建设等；严格落实工作责任制，建立了省级负责，市级抓推进，县级抓落实的工作机制，形成各负其责、层层抓落实的生动局面。

二是完善基础设施。市级层面打造了集习近平新时代中国特色社会主义思想展馆、勤善孝和"四德"园、学习强国体验中心、数字化指挥中心于一体的市级新时代文明实践中心；镇村层面深入挖掘乡村人文特色，实现一村一主题或多主题，所有实践站均达到一堂、一站、一馆、一墙、两室、两榜、一广场"九有"标准（一堂即新时代文明实践大讲堂，一站即学雷锋志愿服务站，一馆即家风家训馆，一墙即家风墙，两室即"和为贵"调解室、"孝老敬老爱老养老"展室，两榜即善行义举四德榜和移风易俗榜，一广场即新时代文明实践广场）。目前，全市建成 1 个新时代文明实践中心、12 个乡镇（街道）分中心、318 个村（社区）实践站，形成了村庄全覆盖。

图 8-5　曲阜市新时代文明实践中心

（二）因地制宜抓特色

一是保护传统优秀文化。曲阜市把"新时代、新思想、新农民、新生活"作为新时代文明实践中心建设的主题，首批在小雪、尼山、息陬 3 个镇街的 20 个村实施，并逐步在全市展开。在试点工作中，依托儒家文化发源地优势，加强对传统民居、古树名木、祠堂家庙的保护，弘扬原生态的乡村文化，挖掘整理村史村志，建设乡村记忆展示和文化展馆。有的回收闲置农家庭院、有的整修废旧房屋、有的改建扩建场地，有的村量身打造了村史馆、民俗馆和乡村记忆展示馆。同时，深入发掘村史与核心元素，有的村突出"和"、有的村突出"法"、有的村突出"德"，防止了

"千村一面"，实现了一村一主题或多主题。

二是深化志愿者服务项目。依照"乡村文明缺啥，文明实践中心就补啥"的工作思路，曲阜市依托实践站搞好群众需求摸底调查，整合公职人员、先模人物、乡土能人、社会热心人士等资源，市镇两级建立起3000余人的理论宣讲、文明传播、文化惠民等八支专业型文明实践志愿服务队伍，村级建立起5000余人的移风易俗、生产帮扶等基础型志愿服务队伍。按照"一个志愿服务组织至少一个特色品牌"要求，涌现出培育新时代好家风的"母子传承国学"、弘扬中华孝道的"孝贤节"、为残障人士"跑腿"的"文明代办"等志愿服务新举措50余个，其中"家风家训传承"等3个项目入选全国志愿服务项目典型案例，累计开展活动1.9万场次。

（三）创新"五艺"润乡村

一是通俗易懂地"讲"。以习近平新时代中国特色社会主义思想宣传教育为主线，创新实施党委书记第一讲、第一书记带头讲、党员干部积极讲、道德模范示范讲、儒学讲师特色讲，点餐式地讲政策、传文化、送技能，群众听得懂、记得住、用得上。全市组建"党员干部志愿宣讲""老党员志愿宣讲""巾帼志愿宣讲""大学生党员志愿宣讲""庄户宣讲""社会组织志愿宣讲"等10支党史宣讲队，推出"曲阜党史直播间""乡村小喇叭"党史播报等线上特色栏目。

二是大张旗鼓地"评"。全覆盖建立善行义举四德榜，实施好家风传播工程，常态化开展"四德模范""百佳孝星""圣城楷模""美德游客""最美家庭"等评选活动，并在百姓儒学节总结大会上大力表彰。建立"幸福基金"完善激励嘉许、积分兑换等制度，通过线上管理系统及时为好人好事、志愿服务打分，并根据积分折算奖励，从精神和物质层面给予礼遇。

三是真心实意地"帮"。从群众实际需要出发，重点聚焦"一老一小"群体。针对鳏寡孤独、空巢及低收入老人，试点建设"幸福食堂"

39 个，按照"政府主导、村级管理、村民自愿、非营利性"原则，60 岁以上老人每天 5 元钱可享"一日三餐"，800 余位老人直接受益。在解决老年人"一日三餐"基础上，精准对接其精神文化需求，推出"餐前五分钟宣讲""餐后听戏、话家常"等一批志愿服务项目。针对留守儿童推出"呵护假期"和"四点半课堂"等项目，为留守儿童提供课业辅导、特长培育、心理辅导等各类服务，累计服务儿童 8000 余人次。

四是健健康康地"乐"。创新实施"壹知书屋+孔子学堂"模式助推全民阅读，推动千场大戏进农村、每月一村一场电影免费放映等文化惠民活动，深化"党支部+乐和家园"模式，推广耕读居养礼乐"新六艺"，开展广场舞、太极拳、拔河比赛等群众性体育活动。

五是欢快热烈地"庆"。结合传统节日，与志愿服务相结合，开展不同主题服务活动，推广开笔礼、拜师礼等传统仪式体验活动；由百姓唱主角，广泛开展邻里饺子宴、百姓春晚秋晚、农民丰收节等群众性活动；连续举办"百姓儒学节"活动，设计推出经典诵读、文明培训、文化大展演、乐和一家亲等活动。

（四）新时代文明实践助推乡村文化振兴

曲阜新时代文明实践阵地如今遍布各个乡村，成为文化传播、文明展示和服务群众的"根据地"。在文明实践建设与发展过程中，曲阜始终坚持传承发展儒家优秀传统文化，以文化人、成风化俗，立足丰厚的文化底蕴，通过"讲评帮乐庆"等形式，创新推出百姓喜闻乐见的实践内容。新时代文明实践影响正在悄然发生"质变"，孝老爱亲、崇德向善的良好风尚正在曲阜蔚然成风。基层社会治理更加和谐有序。村村都有志愿队、户户都有志愿者，党委政府、村居组织、广大群众联结成基层治理共同体，形成干群互信的良好氛围，为推动经济社会高质量发展注入了蓬勃动力，"俺村有 2400 多人，人多地少，过去村民间因田间地头、老宅基地而引发的纠纷不断，村民之间感情很淡，现在活动多了，把大家伙都慢慢拉到一起了"；精神文明建设取得丰硕成果。市民文明素质实现持续提升，全市涌现各类先进典型 1.2 万余人，其中 4 人入选中国好人榜，1 人荣获"全国道德模范提名奖"；优秀传统文化实现普及发展。依托新时代文明实践平台，儒家文化融入道德品行、家国情怀、干部政德等时代课题，实现了与现代生活的深度融合，推动了优秀传统文化的创造性转化、创新性发展，群众明理崇礼、敬业乐群、诚信守法氛围日益浓厚，曲阜新时代文明实践"幸福食堂"的探索试点，被新华社、《人民日报》、央视新闻联播等媒体报道，山东省委领导也作出批示要求做好总结推广；曲阜市创新实施"育德+扶志+解困"精神扶贫模式，经验做法入选了《中国扶贫扶志故事选》，作为全省唯一荣获 2020 年全国脱贫攻坚奖组织创新奖的单位；文旅融合增加了农民收入。借助优秀传统文化的宣传，曲阜市打造出以孔子研究院、孔子博物馆、尼山圣境为代表的"新三孔"，并在此基础上，推出一系列推进夜间经济的措施办法，提升文化旅游的吸引力和承载力。目前，曲阜市教育培训、文创产品、园林古建、孔府饮食等各类文化企业近 1000 家，实现了文化与旅游、教育、培训、餐饮等产业的融合发展。2020 年，曲阜市城镇居民人均可支配收入 33725 元，增长 3.6%，农村居民人均可支配收入 18240 元，增长 6.6%，均高于同期济宁市平均水平。

图 8-6 曲阜市农民欢快过节日

借着新时代文明实践的强劲东风，曲阜这片古老富庶的儒韵大地正日益呈现出经济持续增长、民生不断改善、社会和谐稳定、政治风清气正的崭新气象。

四、福建省宁德市创新指导员制度

田中村位于蕉城区城南镇莲峰山区，全村 144 户，总人口 639 人，总劳力 173 人；平均海拔 800 米，年平均气温 16℃，无霜期 280 天；全村总面积 10157 亩，耕地面积 508 亩，森林面积 9491 亩，竹林面积 1400 亩，森林覆盖率为 88.2%。长期受到交通制约，经济基础差，信息不灵，耕地大量荒芜，80% 的劳动力外出务工，留守农民以传统农耕方式种植水稻、番薯和少量的茶叶、反季节蔬菜等经济作物以及家庭养殖业……一步步成为宁德的贫困村、产业薄弱村。

（一）选派乡村振兴指导员，村容面貌就此焕然一新

2018 年底，宁德市摸索推出了"乡村振兴指导员制度"，按照"个人报名、组织推荐、双向选择、择优选派"的原则，号召有志于从事乡村振兴工作的干部，脱离原岗位但保留职级待遇，到乡村振兴试点村、产业薄弱村、革命老区村担任乡村振兴"指导员"。经济落后、产业十分薄弱的田中村被选为乡村振兴需求村，当年 10 月，在匹配到合适的指导员后，两年内村容村貌发生了翻天覆地的变化。

指导员来到田中村后，与村干部一同走访村民，想看看大家伙想什么、村里发展缺什么。村民们反馈："田中村是个凉爽的地方，好多宁德城市人想来乘凉、休闲，但不足 3 米的公路不仅破损严重、狭窄坡度大、转弯急、不好走……多年没通好，想来纳凉避暑的人不敢来，偶尔有徒步

撰稿：农业农村部农村经济研究中心　高鸣

来者也没地方观看山景、海景，也没地方喝水吃饭歇脚……"

摸清基本情况以后，指导员琢磨着："田中村的森林植被茂密、气候宜人、位置优越，但缺道路、缺人气，缺发展蓝图。"有规划才有发展方向，建好基础设施、发展村里产业，才能让村民过上更好的日子。指导员辗转多处，最终找到省级规划设计机构，拟定了田中村的发展规划：强化旅游、种植茶叶、桃树、打造网红村。精细设计村里路、田间路、出村路与网红村规划蓝图……

两年来，指导员带动田中村村干部和村民跑项目、落实规划、反复开会讨论……变化在点滴努力中发生了：一条绵延数公里的盘山行6米双车道开建，环村水泥道路铺好，休闲广场、景观湖等美丽乡村建设等20个项目落地……蓝图即将变成现实，指导员很开心地说："我虽是'外援'，但村民不拿我当'外人'。事能办好，靠的还是村里齐心协力。与其在机关坐等退休，不如干事实来得幸福，重燃了心底那份激情，这是把常挂嘴边的人民服务具体化……两年任期将满，村民不让走，单是这一条，个人觉得很有成就感……"

图8-7　田中村现貌

不止田中村，在第一批指导员（28 人）帮助下的如观里村茶苗产业实现了年产值 1500 多万元、塘后村建成了标准化食用菌大棚年种植食用菌 100 万筒以上、叶厝村田中村岭头村三村联合发展等。据统计，两年来，全市实现了 110 个省级乡村振兴试点村、306 个产业薄弱村选派乡村振兴指导员全覆盖。2019 年 10 月至今，市县乡村振兴指导员共筹措各类帮扶资金 3.27 多亿元，实施产业发展项目 2174 个，解决群众困难问题 2233 个。选派指导员的村庄村容村貌均发生了翻天覆地的变化。

（二）指导员制度成功的密码破解，选强人、派精兵、建章制、严管理、重激励

目前，宁德市已经形成常态化选派乡村振兴指导员工作机制，乡村振兴指导员制度在具体实践中取得了巨大成功，成功的密码在于：选强人、派精兵、建章制、严管理、重激励。

一是选强人。按照"个人报名、组织推荐、双向选择、择优选派"的原则，宁德市将实干人才选派到最需要的乡村，实现"一把钥匙开一把锁"。①分类摸底。以县为单位，以乡村振兴试点村、产业薄弱村、革命老区基点村为重点，对全市 2135 个村进行了分类摸排，合理选择需求村；全市共有 800 名干部报名参加乡村振兴指导员体系建设，摸排出 500 多个特色分明、极具潜力的需求村。②科学选人。在选派时严格政治关、品行关、作风关、廉洁关，按照"党群干部帮弱村、产业干部帮穷村、政法干部帮乱村"的思路，综合分析报名对象的专业特长，择优选派临近退休、政治素质过硬、县乡工作经验丰富的处级领导干部担任"指导员"。

二是派精兵。乡村振兴指导员制度开始运行的重要环节就是针对需求村派出"精兵强将"。①精准派村。按照因村选人、因人定村的原则，报名对象根据需求村结合选派单位优势、原籍所在地、工作或生活过的地方等条件，填报驻村"志愿书"，做到"供需对接、分布合理"，基本实现了 110 个省级乡村振兴试点村、306 个产业薄弱村选派乡村振兴指导员全覆盖。②全面推广。在选派试点的基础上，全面推行乡村振兴指导员制

度，推动 388 名市县指导员、137 名金融机构挂职干部、303 名科技特派员到乡村一线建功立业。实施常态化选派指导员制度，重点向"抓两头带中间"示范线上村、中心村倾斜。

三是建章制。制定出台《宁德市乡村振兴指导员管理服务办法（试行）》以及考核评价指导意见，为指导员定岗、定责、定目标，压实工作担子，优化服务保障，确保精力到位、履职到位和工作到位。①明确岗位职责。指导员管理、考核、组织关系全面划转到乡村一级，发挥"指导、帮带、协调"等作用，重点围绕乡村振兴"五大振兴"，从推动产业发展、建设生态宜居乡村、加强乡村治理、抓好乡风文明、加强人才培养、夯实基层组织六方面，给指导员精准定责，明确"干什么"，解决"怎么干"的问题。各地围绕指导员工作职责，结合乡村振兴年度重点目标任务、驻点村实际需求，制定年度任务项目清单，进一步明确"时间表"与"路线图"。②实行"召回"调整制度。对于因身体原因无法在村工作的、家庭有特殊困难需要关心照顾的、无故旷工或无正当理由离岗连续超过 15 天的、违反党纪国法的、年度考核"基本称职、不称职"的指导员，进行"召回"调整。目前，已完成首批 28 名指导员年度考核工作，其中年度考核"优秀"的 10 名、年度考核"良好"的 13 名、年度考核"称职"的 4 名、年度考核"基本称职"的 1 名，按规定落实奖励金、职级晋升、提醒谈话、召回调整等措施，做到奖惩分明。

四是严管理。加强日常管理。建立健全驻村服务、外出报告和请销假制度。市县两级组织部门建立微信工作群，建立电话访查、工作例会等机制，实时了解指导员的工作现状，强化刚性约束。明确指导员扎根基层时间和任务，每月在乡村工作时间不少于 16 天，平均每周在乡村工作时间 4 天以上，做到驻点村召开重要会议必到，研究重大村务必到，推动重点工作必到，解决难点问题必到，化解重大纠纷必到，处置突发事件必到。派出单位明确 1 名分管领导负责组织协调，主要领导每年到驻点村 2 次以上实地听取和帮助解决困难。

五是重激励。持续健全完善激励保障机制，加大经费支持力度，积极为指导员干事创业提供有力保障、创造良好环境。注重考核激励。充分发挥考核指挥棒作用，对指导员的半年度考核结果作为评优奖惩、职级晋升的重要依据。对于年度考核"优秀、良好、称职"等次的市级指导员，给予一定奖励；连续两年考核"优秀"等次的指导员，优先作为"金牌指导员"评选对象。在指导员驻村任职后，市县两级财政给予每个市派驻点村安排项目资金 15 万元，一次性发放驻村安家费 1 万元，到村工作期间，每月发放 1500 元的生活补助，定期安排体检，每年安排 5000 元办公经费。

（三）指导员制度的成效提炼，兴产业强基建与强化农村党建

目前，宁德市指导员制度日渐成熟，在乡村产业振兴、基础设施完善、强化基层党建等方面取得了巨大成就。

一是助推了乡村产业振兴。帮助村"两委"制定和实施好发展规划，选准经济发展路子，围绕市委"8+1"特色产业，充分利用当地自然资源优势，积极调整产业结构，努力形成"一村一品、一村一特色"的发展格局。截至目前，市县指导员招引企业（农民专业合作社）214 家，发展农村产业、集体经济项目 315 个，总投资额近 11 亿元。观里村指导员发挥部门优势，在省农科院茶叶研究所的支持下，指导观里村大力发展茶苗产业，年可出茶苗 1 亿株，产值 1500 万元，小茶苗成就了大产业。塘后村指导员统筹各类资金建设标准化食用菌大棚 40 亩，年种植食用菌 100 万筒以上。叶厝村、田中村、岭头村指导员齐心发力，引入粉扣加工项目，合股成立莲峰三村食品有限公司，开启抱团发展之路，发展壮大村级集体经济。"民宿、餐饮、物流，这些过去不敢想的业态，如今都提上了议事日程；现在我们都很期待畲村的第二次转型"畲村支书说。

二是完善了乡村基础设施。充分发挥指导员的人脉、信息资源，想方设法跑项目、找资金、要政策、谋发展，帮助驻点村推进路、水、电等基础设施建设，抓好"一革命四行动"与"造福工程"等工作，建设宜居宜业的美好家园。市县指导员共筹措各类帮扶资金 3.27 多亿元，实施产

业发展项目 2174 个，解决群众困难问题 2233 个。二铺村的指导员结合农村人居环境整治，对全村沿线房屋进行立面装修和屋顶"平改坡"整治改造，优化人居环境。他说这是我们自己的家，改好了大家自己享受，我也不能退休了去天天跳无聊的广场舞，我还有一颗建设家乡的心。在指导员的大力争取下，平改坡项目高标准实施，改造后全村面貌焕然一新，深受村民好评。村民说这样级别的共产党员干部天天与我们一起，到期后，能不能别让他走……

三是强化了乡村基层党建。通过开展"结对共建，助力乡村振兴"活动，推动机关单位与乡村振兴指导员驻点村结成对子，突出共建组织班子、共建活动阵地、共抓队伍建设、共谋生产发展、共抓帮扶解困、共创文明和谐"六个共"，形成共促共赢的良好局面。大甲镇村溪村地处深山，距离县城一个多小时山路，村民纷纷外出务工，村"两委"干部也曾经长期不在村，组织软弱涣散。2019 年 11 月，体育局原局长下派到村里担任指导员，他以党建为突破口，帮助村"两委"制定完善决策议事、目标管理和党员设岗定责等制度，把基层党组织建强。人心凝聚了，做事顺了，党组织就有威信了。今年 60 岁的林指导员原本今年 3 月退休，但在农村，他找到了新的舞台，"我是土生土长的农村人，临近退休，能够反哺老家，做点实事，自觉意义很大，实现了个人价值"。

（四）指导员制度的外溢效应，优化政治生态与培育青年人才

指导员制度日渐成熟，在优化政治结构、培养青年人才、凸显党员干部光辉形象等方面凸显了极大的外溢效应。

一是优化了党政机关人事结构。鼓励临退领导干部提前"退出领导职务、保留职级待遇"下放至产业薄弱村，驻村并担任乡村振兴指导员，全面指导、谋划、设计与负责所在乡村的振兴事业。发挥职级晋升正向激励作用，坚持向基层一线倾斜，优先考虑对担当作为、实绩突出、群众公认的指导员职级晋升。宁德市通过考察，解决了一部分市派指导员的职

级，极大地调动了他们干事创业的积极性，也给予了机关单位年轻人晋升的空间和积极性，解决了事业单位长期以来的人事结构问题。

二是培养了乡村振兴青年人才。建立健全乡贤人才库，指导员与大学生村官、驻村第一书记、经商务工能人、本乡本土人才、返乡创业青年等保持经常性联系，动员、鼓励和帮助他们回村为家乡振兴贡献力量，指导员充分发挥好"导师"作用，培育青年人才快速成长，并建立选用能人、培育能人、激励能人等制度，让他们真正成长了也留得下、干得好，帮助村里打造一支"永不走"的乡村振兴工作队，逐步建成包含老中青年的乡村振兴人才体系。

三是凸显了党员干部光辉形象。坚持以人民为中心的发展思想，深入田间地头、农户家中，与群众面对面、心贴心话家常，真诚倾听群众呼声，真情关心群众疾苦，详细了解农民所思、所想、所盼，与群众同吃、同住、同劳动，帮助解决实际困难和问题。坂中村指导员针对疫情影响，银耳无法及时运出、脱水变质等问题，专门成立摸排小组，对当地银耳生产农户、生产时间、脱水时间、用工情况等进行摸底造册，并按摸底的时间表进行一对一上门服务，帮助村民打通银耳运输"生命线"。

第九章

全面推进农业农村现代化

一、江苏省苏州市探索率先基本实现农业农村现代化

苏州是邓小平同志最早印证"小康构想"之地，也是习近平总书记"勾画现代化目标"之地。2020 年苏州市积极响应中央和江苏省乡村振兴的战略部署，将率先基本实现农业农村现代化作为乡村振兴的重要阶段性目标。全市上下凝心聚力，扎实推进，农业农村现代化进展显著加快，并为江苏全省乃至全国农业农村现代化提供了"苏州经验"、贡献了"苏州智慧"。

（一）明确现代化发展目标

苏州一直是全国农村改革发展的典型，积极探索体制机制创新。作为一个地级市，苏州在全国率先出台生态补偿条例，填补了国内生态补偿立法方面的空白；在全国率先建立城乡接轨的高素质农民社会保障制度，对

撰稿：江苏省苏州市委农办　宁春生、曹宏、刘聪
　　　农业农村部农村经济研究中心　王莉

符合条件的高素质农民采取"先缴后补"的方式给予定额社会保险补贴；在全省率先实现城乡低保、基本养老、医疗保险"三大并轨"。自 2011 年被列为全国农村改革试验区以来，苏州共承担了 19 项国家级改革试点任务，基本形成了城乡融合发展的体制机制和政策体系，有力促进了农业转型和农村快速发展，有力促进了农民共享发展成果。到 2019 年底，苏州人均 GDP 为 17.92 万元（约合 2.6 万美元），全市农村集体总资产达 3180 亿元，村均集体可支配收入为 936 万元，农村居民人均可支配收入达 3.5 万元，城乡居民收入比为 1.95∶1，城乡最低生活保障标准提高至每月 995 元。苏州下辖的 4 个县级市全部上榜中国县域经济百强前十名，从经济指标来看，苏州已经达到中等发达国家水平。

2018 年，《乡村振兴战略规划（2018-2022 年）》正式发布，明确要求"东部沿海发达地区、人口净流入城市的郊区、集体经济实力强以及其他具备条件的乡村，到 2022 年率先基本实现农业农村现代化"。2019 年，农业农村部和江苏省政府签订的合作框架协议，提出到 2022 年，苏南地区和苏中有条件的地区率先基本实现农业农村现代化。按照中央战略部署和江苏省的要求，结合自身发展基础，苏州积极响应，统一思想，确立了"争当表率，争做示范，走在前列"的目标，积极开展率先基本实现农业农村现代化的创新实践。

（二）构建完备制度体系

确定目标后，苏州市联合科研机构，通过理论学习和技术研究，制定了科学完备的制度框架和指标体系，全面指引率先基本实现农业农村现代化的各项工作。

一是提出实现既定目标的解题步骤：出台三年行动计划。2020 年 3 月 19 日，苏州召开全市农村工作会议暨率先基本实现农业农村现代化动员部署会，并印发《苏州市探索率先基本实现农业农村现代化三年行动计划（2020-2022 年）》，这是全国首个设区市党委、政府围绕率先基本实现农业农村现代化既定目标出台的政策文件，文件紧扣"农业现代化"

"农村现代化""农民现代化"和"城乡融合发展"目标，明确了围绕"三高一美"农业发展、"三特一古"乡村建设、"三提一保"农民保障等20项重点工程。

二是给出评估进展的参考依据：形成指标体系。与中国农科院签订合作协议，开展战略咨询、规划编制等七个方面的合作。2020年5月28日，在北京与中国农业科学院联合发布《苏州市率先基本实现农业农村现代化评价考核指标体系（2020—2022年）（试行）》，这是全国首个农业农村现代化的指标体系。该体系主要涵盖农业现代化、农村现代化、农民现代化、城乡融合四个领域，涵盖市级、县级、镇级三个行政层次，构建三级指标，总体形成"四三三"架构。为支撑和保障市级指标目标的完成，指标体系设定了38个县级考核指标和32个镇级考核指标。指标设置紧扣"率先"和"基本"，力求既能代表农业农村现代化最新发展水平，又能体现苏州农业农村现代化的探索性、特色性，突出引领性、实用性和可操作性。

三是明确实施主体和路径：配套责任清单和挂钩联系制度。根据三年行动计划和指标体系，制定目标任务分解工作清单，共分解出103项重点目标任务，明确市级责任单位和三年目标。苏州各县级市（涉农区）也结合各自实际，制定三年行动计划、目标任务分解工作清单及所辖乡镇三年目标任务、工作实施方案。实施《市领导挂钩联系乡村振兴工作制度》，22位市领导分别挂钩一个乡镇，一挂三年，配套制定《挂钩联系工作手册》，每季度挂钩走访情况有据可循，努力将市领导挂钩联系乡镇打造成率先基本实现农业农村现代化市级示范镇。各县级市（涉农区）参照市级挂钩联系乡镇制度，统筹安排剩余乡镇由各县级市（涉农区）领导挂钩，并作为率先基本实现农业农村现代化县级示范镇同步推进。

（三）开展全面考核和评优

为了确保各项任务落地落实，苏州市实施了调研调度和考核表彰制度，引导、激励、监测农业农村现代化的创新实践。

一是把握率先推进的有力抓手：开展制度化调研和常态化调度。围绕率先基本实现农业农村现代化，每季度开展一次专题调研；围绕重点难点工作，开展不定期调研；围绕重要指标任务，适时调度任务完成情况。通过高密度调研调度，及时跟踪掌握面上的工作动态，研究分析存在的共性和个性问题，加强分类指导，编发专题调研情况通报，推动各地查漏补缺；注重信息采集和经验总结，汇编《苏州乡村振兴》工作简报，宣传各地各部门工作亮点。

二是强化率先推进的内生动力：开展考核通报和表彰。围绕指标体系出台《苏州市率先基本实现农业农村现代化实绩考核方案》。2021年初，苏州对8个县级市（涉农区）和22个市级示范镇两类对象分别实施考核，较真碰硬，围绕指标体系客观赋分，并按得分高低将考核结果在全市农村工作会议上予以通报。第一时间召开情况反馈会，帮助各地补短补弱。同时，将考核结果与市委、市政府专设的"农业农村现代化"表彰名额挂钩，与配套资金和用地政策奖补挂钩，切实做到考出压力，奖出动力。

（四）现代化图景初现

经过多年的努力，苏州农业农村现代化进程明显加快，农业高质量发展成效显著，农村面貌大幅改善，农民生活水平不断提高。

一是农业更加强。2020年全市农业科技进步贡献率、机械化水平分别超过70%和95%。"三高一美"（高标准农田、高标准蔬菜基地、高标准池塘和美丽生态牧场）建设深入推进，累计建成各级现代农业园区84家，入园企业达815家。质量兴农成效明显，成功创建"苏州大米""苏州水八仙"等18个特色鲜明区域公用品牌，农产品地理标志登记产品达14个，张家港、昆山、吴江成功创建"国家农产品质量安全县"。乡村产业融合发展，成功创建1个国家级、5个省级农村一二三产业融合发展先导区、3个国家级产业强镇。

图 9-1　常熟市古里镇坞坵村

二是农民更加富。2020 年全市村均集体经济可支配收入 1053 万元，同比增长 12.5%。农村居民人均可支配收入达 3.76 万元，同比增长 6.9%。城乡居民收入比缩小到 1.89∶1。城乡最低生活保障标准达 1045 元/月。养老年龄段被征地农民养老补助金标准提高至 1120 元，大病保险政策范围内报销比例达 62.75%。所有集体经济相对薄弱村平均年稳定性收入超过 444 万元，全部完成脱贫转化目标。县级以上龙头企业实现销售收入 1530 亿元、带动农户 270 余万户。组织培训农民 10584 人次，认定高素质农民 1479 名。扶持农民创业 3671 人，带动就业 1.54 万人。

三是农村更加美。农村区域供水入户率 100%，农村生活污水治理行政村覆盖率达 100%，村生活垃圾分类处理率达 100%，行政村双车道四级公路覆盖率和镇村公交开通率均达 100%，镇（街道）为民服务中心实现全覆盖，村（社区）综合性文化服务中心标准化建设覆盖率 100%。2020 年苏州农村人居环境整治三年行动在江苏省率先实现市域任务销号，长效管护行政村占比 100%，昆山市、太仓市分别入选 2019 年、2020 年"全国开展农村人居环境整治成效明显的地方"。累计命名 45 个省级特色田园乡村，累计建成市级特色康居乡村 2784 个、特色康居示范区 53 个、美丽庭院 1280 个。全市共有 14 个中国传统村落、31 个省级传统村落，数量均居江苏省第一。

四是治理更加高效。村党组织书记"专职五级"体系建设明显加快。率先开展县镇村三级综治中心规范化建设与管理地方性标准制定，2175个村、社区小微权力清单和流程图全面在线公示。社区、村镇主要通道监控覆盖率均达100%，升级版技防镇、村规范化率均达100%，群众安全感绝对值达98.1%。加快推进"三治融合"落实和崇德尚法新型村居建设，新时代文明实践中心和新时代文明实践所、站实现全覆盖，县级及以上文明乡镇、文明村占比分别为100%、78%，梅李镇获评"全国乡村治理示范乡镇"，7个村获评"全国乡村治理示范村"。

五是示范引领作用初步显现。苏州为江苏全省率先基本实现农业农村现代化"树样板"，也为全国农业农村现代化建设"探路子"。自2020年以来，上海、浙江、福建、广东、安徽、黑龙江、云南、贵州和省内多地共计约180人次来苏州专题交流学习率先基本实现农业农村现代化工作。此外，在学术领域，多地高校研究人员和社会学者陆续向苏州市政府申请信息公开，学习苏州的探索经验，进一步提高了农业农村现代化的社会关注度，有利于营造全社会参与农业农村现代化的良好氛围。

二、四川省成都市探索特色城乡融合发展之路

党的十九大作出实施乡村振兴战略重大决策部署，成都市牢记习近平总书记"走在前列、起好示范"的嘱托，建立健全城乡融合发展体制机制和政策体系，坚持农业农村优先发展，推动乡村振兴有序实施，紧紧围绕"农业高质高效、乡村宜居宜业、农民富裕富足"目标，聚力构建"产田相融、城田相融、城乡一体"的新型城乡形态和"推窗见田、开门见绿"的新型乡村聚落，徐徐展开"岷江水润、茂林修竹、美田弥望、蜀风雅韵"的大美乡村锦绣画卷，不断擘画"让农业成为有奔头的产业，

撰稿：成都市委农办　王红强、李玲、吕富军、杜星亿、肖秋阳
农业农村部农村经济研究中心　刘俊杰

让农民成为有吸引力的职业，让农村成为安居乐业的美丽家园"的美好愿景。

（一）"十大重点工程"描绘美丽乡村新图景

着力实施一批打基础、管长远的重大项目工程，使广大人民群众看得到乡村的变化、感受到发展的温度。

一是实施全域乡村规划提升工程。坚持规划引领，健全乡村规划体系，强化规划技术保障。出台《成都市乡村振兴战略规划（2018—2022年）》《成都市乡村振兴空间发展规划》，对全域乡村全面规划系统设计，因地制宜编制"大美田园""天府农耕""秀湖云田""蜀山乡韵""山水乡旅"5条示范走廊规划。制定《成都市镇村规划管理技术规定》《成都市镇村规划技术导则》及《实用性村规划范本》，形成乡村规划管理技术支撑体系。

二是实施特色镇（街区）建设工程。坚持以培育产业集聚、功能复合、连城带村的特色镇（街区）为着力点，促进资金向特色镇（街区）流动、产业向特色镇（街区）集聚、人口向特色镇（街区）转移。设立了2亿元特色镇（街区）建设专项资金，支持各类市场化主体参与特色镇（街区）投资和建设运营。

三是实施川西林盘保护修复工程。开展以"整田、护林、理水、改院"为主要内容的川西林盘整理，植入休闲旅游、文创体验、会议博览等现代功能业态，打造林在田中、院在林中的新型林盘聚落体系。自2018年以来，全市启动川西林盘保护修复546个，100余个精品林盘陆续开放营业，在保护修复中推进了美丽乡村建设。

四是实施大地景观再造工程。坚持以土地综合整治为主要载体，以山水田林湖整治为主要抓手，保护修复秀美的自然生态、特色的地域文化和山水相依的自然机理。2018年起实施"绿色战旗、幸福安唐"乡村振兴博览园、龙泉山城市森林公园等大地景观试点示范项目20个，重现天府之国壮美秀丽景色。

五是实施农村人居环境整治工程。深入实施农村垃圾污水治理和厕所革命，改造提升传统民居、老旧院落，全面提升农村生活设施现代化水平，切实改善农村生活条件。健全"户分类、村收集、镇转运、县处理"农村生活垃圾收运处置体系，农村保洁员覆盖率、农村生活垃圾收运处置覆盖率和无害化处理率均达100%。

六是实施农业品牌建设工程。大力实施品牌强农计划，建立区域品牌名录库，将金堂田岭涧、蒲江丑柑等51个县级区域品牌及国家地理标志纳入名录库重点培育。建立"天府源"市级公用品牌竞争性准入机制，发展标准化农业基地82个。

七是实施乡村人才培育集聚工程。发布《成都市人才开发指引（2020）》，鼓励农业企业引进培育急需紧缺专业技术人才。成立青年农民学院，与省内各市（州）共同建立网络职业技能培训分院。创新构建农业职业经理人推荐选拔、培训培养、认定管理、人才服务等政策体系，培育持证农业职业经理人17180人。

八是实施农民增收促进工程。大力引导农村资源资产盘活利用、有序流动，促进农民增加财产性收入。大力推进农民就业创业，2020年全市农村劳务输出247.1万人，促进农民增加工资性收入。坚持农商文旅体融合发展，提升农业产业能级质效，促进农民增加经营性收入，2020年全市乡村旅游综合收入515.6亿元。温江区通过推动农商文旅体融合发展，拓宽了农民就业增收渠道，2020年农村居民人均可支配收入3.26万元，城乡收入比缩小到1.52∶1。

九是实施农村文化现代化建设工程。全面完成县级文化馆、图书馆总分馆制及132个基层综合性文化服务中心示范点建设，文化服务设施供给能力显著提升。持续开展"风尚新美、环境秀美、生活富美"示范村评选，截至2020年底，全市县级及以上文明村（镇）创建比例达65%。

十是实施城乡社区发展治理工程。在全国率先组建市和县（市、区）党委城乡社区发展治理委员会，编制出台国内首部《城乡社区发展治理总体规划（2018-2035年）》。构建"天府之家"社区综合体、社区党群服务中心、居民小区党群服务站三级服务载体，实施社区党群服务中心亲民化改造 1776 个，推动各类服务在群众家门口集成。

（二）"五项重点改革"构建城乡融合新机制

聚焦农业农村发展的突出矛盾和体制机制顽疾，聚焦农业农村现代化目标，突出抓好标志性、引领性改革，努力在城乡融合发展重点领域和关键环节取得突破，释放改革效应。

一是深化农业供给侧结构性改革。优化农业产业体系，按照农商文旅融合发展的思路，大力发展农产品深加工、农村电商、农产品物流、休闲康养等新业态。优化农业生产和经营体系，念好"优绿特强新高"六字经，大力推进农业标准化、规模化、生态化，调优、调高、调精农业生产结构。发挥土地适度规模经营引领作用，大力推广以土地股份合作社为依托、农业职业经理人和农业综合服务等为支撑的"农业共营制"，全市农业适度规模经营率提高到 72.7%。

二是深化农村集体产权制度改革。全面建立承包地"三权分置"制度，扎实抓好集体经营性建设用地入市改革试点和农村宅基地"三权分置"改革试点，郫都区探索建立农村集体经营性建设用地入市规范制度体系。全面完成农村集体产权制度改革整市试点，全市集体经济组织成员身份确认完成率达 100%。

三是深化农村金融服务综合改革。完善农村金融组织体系，以发展农村普惠金融为重点，鼓励发展新型农村普惠金融机构和组织，支持金融机构和支付机构在农村延伸经营网点，推动农村基础金融服务全覆盖。创新金融服务产品，发展经济林木、农产品仓单等抵质押金融产品，支持农业职业经理人凭资格证书可以免抵押进行信用贷款，推广土地流转履约保证保险等涉农保险品种。

四是深化城乡公共服务供给机制改革。深化"县管校聘"改革，健全县域内教师交流轮岗机制，建立区域教育联盟 6 个。实施基层医疗卫生机构硬件提档升级工程，对村卫生室实行"八统一"管理，鼓励实施乡村医生"县招、乡管、村用"或"乡聘村用"制度，325 家村卫生室纳入乡村卫生服务一体化管理。推动城乡基础设施均衡配置，自 2018 年以来新改建农村公路 1000 余公里，4G 网络实现全域覆盖，行政村（社区）光纤通达率 100%。

五是深化农村行政管理体制改革。创新产业功能区管理机制，依托崇州市都市现代农业园区、新津县中国天府农业博览园开展现代农业功能区管理体制改革试点，探索建立"功能区管委会+专业公司"运营模式，由管委会负责对功能区进行统筹规划建设、环境营造和产业布局。推进乡镇（街道）行政区划调整和村（社区）体制机制改革，逐步构建扁平高效的城乡管理组织架构，全市共调减 114 个乡镇（街道）、1327 个村（社区）和 20800 个村民小组，服务产业发展和社区治理能力与效率明显提升。

图 9-2　天府现代种业园俯瞰图

（三）"七大共享平台" 赋能西部大开发

聚焦乡村振兴核心要素和关键环节，充分依托特大城市和区域中心城市集聚的人才、资金、信息等要素优势，搭建"七大共享平台"，与省内市（州）携手构建共享共兴共荣的发展共同体，为区域乡村振兴赋能。

一是构建农村土地交易服务平台。依托成都农村产权交易所，采取"合资共建""独资建设"和"业务指导"等模式，与省内市（州）合作建设全省统一的农村土地交易平台。自 2008 年 10 月挂牌成立以来，已联网运行覆盖省内 123 个县（市、区）。

二是构建农业科技创新服务平台。依托国家成都农业科技创新中心，联动组建智慧农业、都市农业、农村环境与能源、生物营养强化与功能食品、动植物疫病防控五大研发方向的农业科技创新团队，构建服务全省的农业科技创新服务平台。在成都市内及其他市（州）建立农业科技创新示范基地 26 个，首批启动"智能 LED 植物工厂"等科研项目 47 个。组建产学研协同创新专家团队 8 支，实施农业科技创新项目 30 多个。

三是构建农村金融保险服务平台。以"农贷通"农村金融服务平台为依托，拓展集成资金融通、保险推广、产融对接、价格发现、上市培育、农村双创"六大服务"，在线归集四川省和各市（州）"三农"重点建设项目，并提供专业化的在线融资对接服务。目前，"农贷通"平台已入驻机构 63 家，累计发放贷款 18054 笔、金额 284.46 亿元。

四是构建农产品品牌孵化服务平台。按照"政府引导、市场化运作、企业自愿"的原则，整合农业双创空间、创客中心和乡村文创社区资源，打造服务全省的农产品品牌孵化服务平台。"天府源"市级农产品区域公用品牌累计准入 74 家企业、200 个（类）品牌农产品。

五是构建农产品交易服务平台。发挥成都铁路物流港及濛阳、白家 2 个国家级农产品批发市场带动作用和西博会、糖酒会、农博会等载体作用，健全产销对接、通道共建、协同合作机制，构建"买全川、卖全球"农产品销售网络体系。组织市（州）农业企业赴外开展推介贸易活动，四川产优质猕猴桃通过"蓉欧快铁"通道打入荷兰、法国等欧洲市场。

六是构建农商文旅体融合发展服务平台。联合省内高校、规划设计单位和培训机构，打造农商文旅体融合发展服务平台，面向全省培养乡村急需专业人才，为"农业+"创新创业项目提供全方位全生命周期解决方案。2020 年，策划了"逛绿道、耍林盘、游小镇、驻民宿"百条精品特色游线路和崇州市竹艺村、蒲江县明月村、天府新区"不二山房"等220个"高颜值、国际范、生活味、归属感"主题项目。

七是构建农业博览综合服务平台。秉持"把农业展会办在乡村"的思路，规划建设中国天府农业博览园，实施农博主展馆、天府农耕文明博物馆、农民工博物馆、扶贫攻坚博物馆、蓝城农旅小镇等重大功能项目29个，整合集成商贸对接、论坛活动、投资洽谈、宣传推广等功能，助力现代农业成果展示、品牌营销、产品贸易、技术转化和投资促进。

三、广东省广州市从化区打造特色小镇

广东省广州市从化区位于广州东北部，是广州面积最大的行政区。近年来，从化区将打造特色小镇作为乡村振兴支撑点，在五镇三街谋划建设了20个各具特色的小镇，以点带面，开展农村人居环境整治，提升乡村产业和集体经济，搭建富民兴村的综合平台，全面推进广州的乡村振兴。

（一）立足区位特点，精心制定振兴路线

从化区是广州市的农业农村大区，农村面积占全区约80%，农村人口占比超过60%。从化出产包括香米、荔枝、龙眼、蔬菜、生猪等重要农产品，是广州重要的"米袋子""菜篮子""果盘子"生产基地。依托优质的农业农村本底和地处粤港澳大湾区的区位优势，从化区制定了"三个标准、五个一批"的乡村振兴发展道路。按照干净整洁村、美丽宜居村、特色精品村三个创建标准，依托特色小镇建设，组团连片、辐射一批；依托新型城镇化，城乡互补、改造一批；依托农业现代化，科技兴农、发展一批；依托产业园区建设，工农互促、带动一批；依托全域旅游

撰稿：广州市从化区委乡村振兴办　叶平、肖权波
　　　农业农村部农村经济研究中心　王莉

发展，富民兴村、拉动一批。同时，着重以覆盖全区五镇三街的 20 个特色小镇为动力源，按照"以点为基、串点成线、连线成片、聚片成面"的思路，将全区 221 个行政村划分为 15 个片区，按照"一个片区、一个规划、一种风格、一套标准"原则，通过特色小镇网状联动发展，带动形成独具从化特色的乡村振兴"网状"动力结构。

（二）创新工作机制，加强政策支持

从化区精心谋划，稳步实施，在特色小镇建设过程中探索和形成了一些行之有效的经验和做法，形成领导垂范、齐抓共管的良好发展格局。

一是注重组织领导。坚强的组织领导是特色小镇建设取得成效的重要保障。①市区领导挂帅。广州市委、市政府高度重视和关心从化区特色小镇建设，市领导亲自挂点联系从化特色小镇建设，并多次深入小镇调研指导，为小镇建设指方向、谋发展、促进度。从化区委区政府把小镇建设作为"一把手"工程来抓，区主要领导当好"一线总指挥"，2020 年主持召开 3 次区委全会、6 次区委常委会、44 次专题会议深入研究部署"三农"工作，到各特色小镇开展乡村振兴实地调研 108 次，建立书记调度"三农"重点工作制度，并建立了区领导挂点联系机制，每个特色小镇至少安排一名区领导联系挂点，高位推进。②建立工作机构。成立了以区委区政府主要领导为组长、副组长的从化区实施特色小镇战略工作领导小组，及"一办五组"（小镇办公室、基础设施建设组、产业发展组、文化旅游组、基层治理和党建组、建设运营保障组）工作架构。③强化责任落实。压实责任，明确责任主体，每个特色小镇安排一个区直属部门作为责任单位专项跟进，其他职能部门配合落实。确保形成"一个小镇、一名领导、一张蓝图、一抓到底"的工作局面，压实责任到镇、到村、到个人，确保特色小镇建设有序推进。

二是注重政策供给。特色小镇建设过程中，从化区始终注重在政策上予以引导，为小镇建设提供必要的支撑。①出台系列配套政策。先后制定《从化区实施特色小镇战略工作领导小组议事规程（试行）》《从化区特

图 9-3　良口镇生态设计小镇

色小镇建设项目行政审批绿色通道实施意见》《从化区农村建房外立面补助实施办法》等系列政策，为特色小镇建设提供强有力的制度保障。②率先建立农村建房指引。在全省范围内率先制定《农村建筑工匠管理办法》《农村村民非公寓式住宅规划建设管理工作指引》等相关政策，初步建立了"镇（街）初审—村公示—区审核—镇（街）核发"的三级审批机制，免费向全区约 800 名从事农村住宅建设的"包工头""土师傅"提供房屋建筑构造、建筑工程测量等专业培训，已完成 5 批 637 名农村建筑工匠培训。③率先出台民宿管理制度。领先全省，率先制定了《从化区促进民宿业发展实施意见》《从化区民宿开办指引（试行）》，首期推出 16.8 万平方米优质民宿资源，目前，已引入 14 家民宿投资团队，规划打造若干高端民宿和 3~5 个共约 23 万平方米的高端民宿群。

　　三是注重资金整合。按照政府引导、市场运营的思路，从化区特色小镇建设充分发挥市场的力量，整合各方资源，共同推动小镇建设。①用好市区涉农资金。自 2018 年以来，市、区两级财政在特色小镇年均安排

1500 万元，用于特色小镇基础设施、人居环境整治等项目。2020 年，区财政涉农资金安排 70164.49 万元，建立涉农项目库共有储备项目 140 个。大部分优先安排在特色小镇建设和特色小镇平台产业发展。②整合其他专项资金。从化区大力整合中心镇建设、山区镇建设、城市更新改造等资金约 5 亿元用于小镇人居环境整治、基础设施提升等项目，全面提升小镇建设品质。③积极引入社会力量助推小镇建设。据统计，第一批特色小镇累计引入社会资金约 1.7 亿元。同时，积极开展"千企帮千村"活动，壮大小镇建设力量，20 个特色小镇均已安排国企或民企进行结对共建，帮助村民就业创业等。

（三）党建引领，全民参与

全面落实"五级书记"抓乡村振兴，把推进乡村振兴工作作为检验基层党员干部党性作风的"试金石"和砥砺基层党组织战斗力的"磨刀石"，着力构建以党建为引领，全民动员、全域整治、全面推进的工作体系。

一是注重党建引领。党组织和党员干部在小镇建设过程中始终冲在前线、干在实处，起到了战斗堡垒和模范带头作用。①选好配强第一书记。精心挑选 129 名优秀干部担任特色小镇建设村党组织的"第一书记"，当好特色小镇的"领头雁"。②提升村干部素养。有针对性地举办了特色小镇战略镇村干部专题培训班，培训村（社区）党组织书记 575 人次，不断提升村干部尤其是村支部书记的工作能力，进一步增强基层党组织的凝聚力、向心力和战斗力。③创新基层党建机制。如南平静修小镇等创新建立"724"（七支队伍、两个平台和四个制度）群防共治创新模式，以党建引领创新农村基层治理。

二是注重共建共享。特色小镇建设始终把村民的获得感幸福感作为出发点和落脚点，调动村民参与小镇建设的积极性，让村民在参与中分享小镇建设成果，达到共建共治共享的目的。如西塘童话小镇组织了 100 多名村民组建了城乡清洁服务队、园林绿化养护队和"绿色娘子军"，在田间地头、村头巷尾值守巡逻，守护美丽西塘。莲麻村组织成立了莲麻村巾帼服务队，吸纳了 230 名妇女村民参与小镇建设。

图 9-4　西塘童话小镇

（四）乡村振兴成效显著

2020 年，从化区特色小镇所在的核心村人均年收入已实现三年翻番目标，岭南特色美丽宜居乡村，日渐成为从化最亮丽的名片。

一是人居环境日益改善。全区 221 个行政村率先全部达到省定干净整洁村和美丽宜居村标准，36 个行政村打造成为风格各异的特色精品村，从化区入选"2020 年度农村人居环境整治成效明显激励县"。全区建成 1102 个农村污水治理设施点和污水收集管网约 750 公里，惠及超过 40 万农村人口。农村污水收集率从 2016 年的 38%快速提高至 2020 年全收集全处理的全国领先水平，并以广东省第一名成绩入选国家水系连通及农村水系综合整治试点县，实现了"河畅、水清、堤固、岸绿、景美"。

二是产业体系日趋健全。每个小镇根据自身实际逐步形成了各具特色的主导产业。例如，莲麻小镇充分挖掘红色革命遗址历史文化和酒酿造等特色饮食文化，形成了以民宿、酒坊等为主体的乡村特色产业体系。西和万花风情小镇吸引了宝趣玫瑰世界、天适樱花悠乐园等 38 家花卉企业集聚发展。生态设计小镇已成功举办两届世界生态设计大会，联合国二级机构——联合国技术银行生态设计促进中心已落户小镇。

三是富民兴村成效显著。从化区特色小镇所在核心村村民收入以每年30%以上的幅度递增。2020 年，莲麻村人均收入为 3.3 万元、西塘村为3.2 万元、南平村为 3.8 万元、西和村为 3 万元、塘尾村为 3 万元。村集体收益逐年递增。2020 年，集体收入超 50 万元的行政村 57 个，占比25.8%，较上年同期增长 21.28%。莲麻村集体收入由 2016 年的 51 万元增长至 2020 年的 155 万元；南平村集体收入由 2016 年的 32 万元增长至2020 年的 150 万元。特色小镇基本能够辐射带动周边 3~5 个村的发展。如西和万花风情小镇三年年均旅游人数为 90 万人次，年均旅游收入 8000万元，辐射带动周边光辉、红旗、城康、光联 4 个村发展，实现土地流转13000 亩，带动 1500 个村民在自家门口就业。

四、贵州省贵阳市乌当区偏坡乡推进农商文旅融合发展

贵阳市乌当区偏坡布依族乡位于贵阳市东北面，距市中心 30 公里，总面积 21.93 平方公里，辖 2 个行政村，12 个自然村寨，20 个村民组，601 户，总人口 2055 人，布依族占 97%，是贵阳市有名的"袖珍乡"，是原汁原味的布依族乡，布依文化底蕴深厚，资源禀赋得天独厚，森林覆盖

撰稿：贵州省贵阳市乌当区偏坡乡党政办　渣仕莲
农业农村部农村经济研究中心　谭智心

率66.3%，山水与林田错落交融、田畴纵横、塘溪环绕，千年银杏、榔树、皂角等古树星罗棋布，古井、溶洞等自然景观极其丰富。偏坡乡立足自身特色优势，以发展乡村旅游为契机，积极引进资源，盘活各类要素，创新用地模式、创新建设模式、创新运营模式、创新利益联结，因地制宜推动农商文旅融合发展，以深化改革为抓手不断破除制约乡村发展的体制机制障碍和发展瓶颈，为实现乡村振兴注入强大动力。

（一）乡村振兴东风起，贫困乡迎来新契机

直至20世纪末，"贫困"仍是偏坡乡的标识。贵阳人用"两坡一场一坝"概括当时全市贫困乡之最，其中的"一坡"指的就是偏坡乡。十年前，偏坡乡迎来了一次巨变。2010年，乘着贵阳市第四届旅发大会在乌当区召开的东风，偏坡乡把目标瞄准乡村旅游，一时间，农家乐如雨后春笋般兴起，昔日"望天吃饭"的村民吃上"旅游饭"，偏坡的发展迎来了春天，成为贵阳市民乡村旅游的首选地，"醉美偏坡"声名鹊起。但是，随着市内周边区域乡村旅游的快速发展以及偏坡乡基础配套设施的严重制约，偏坡乡村旅游竞争优势逐渐下滑，乡村旅游一度陷入低迷萧条。

如何找到偏坡可持续发展的"路子"，已经到了不进则退的关键时刻，成为偏坡乡党委政府急需解决的问题。2018年，中共中央、国务院印发《关于实施乡村振兴战略的意见》后，偏坡乡抢抓机遇、敢为人先，探索创新出了"四创四融"（创新用地模式、创新建设模式、创新运营模式、创新利益联结，因地制宜推进"农商文旅"融合）乡村振兴新模式。在"四创四融"模式的强力助推下，偏坡乡迈出了乡村振兴新步伐，实现了从"一床难卖"到"一床难求"，从"井喷式"增长到可持续发展，从"旅游开发"到"文化留客"，昔日萧条破败的穷乡村成为充满勃勃生机的"一池春水"。如今，特色民居连片林立、平坦村道户户直通、农家小院温馨别致、浓厚乡韵令人流连……如今的偏坡，一个精心打造的美丽乡村正在诠释着群众幸福感、获得感、安全感的丰富内涵，一个"古原生态之乡、布依文化走廊"的布依特色小镇初具雏形，呈现出一幅"房

在林中建、人在画中游"的乡村美景。

（二）创新用地模式，破解制约发展瓶颈

"巧妇难为无米之炊"，要发展乡村旅游，先决条件是要有发展建设用地。企业到偏坡发展在不能办理征地手续的情况下，如何将群众承包的土地，转变为企业的发展用地？偏坡乡大胆探索创新，根据《中华人民共和国土地管理法》《中华人民共和国农村土地承包法》，争取区委、区政府下发《关于支持偏坡布依族乡创建乡村振兴示范乡的实施意见》，先行先试。农户自愿有偿（按现行征地标准补偿）方式退出土地承包经营权和宅基地使用权，由村委会通过召开村民代表大会，把收回的土地和农房交给第三方经济组织（五彩农投公司），由区政府颁发土地经营权证，为偏坡乡"引凤入巢"提供"启动器"。为有利于农业产业发展，引导农户自愿进行互换土地，发展连片特色果蔬种植，实现农户土地"由小变大、化零为整"。截至目前，收回农户承包土地 700 余亩，用于"原味小镇·醉美偏坡"的建设规划用地。

（三）创新建设模式，实现项目效益最大化

如何把偏坡的绿水青山建设成"记得住乡愁、留得住传统、能成为'诗和远方'"，如何把"原味小镇·醉美偏坡"建设得更加符合布依特色、农村功能配套更加完善，更具有可持续发展。偏坡乡把整个乡作为一个项目，交由平台公司（区）采取集中规划、集中用地、集中建设、集中经营"四集中"方式开发建设。通过"四集中"，解决了规划凌乱、步调不一致的问题，将设计规划"一以贯之"，一张蓝图绘到底，将美好规划变成现实；通过"四集中"，可以在建设上统一风貌，杜绝无序竞争现象；通过"四集中"，可以实现资源融合、资金整合、人才汇合，实现集中力量办"大事情"，实现可持续发展，实现项目效益最大化。

图 9-5　偏坡乡规划建设全景图

（四）创新运营模式，实现国有资产保值增值

如何让建设好的"原味小镇·醉美偏坡""活"起来，实现项目效益最大化？为了进一步丰富业态、有效管理、可持续发展乡村旅游，在平台公司建设完成后，通过招商的形式，引入贵州本土优秀民营企业贵阳星力百货集团有限公司进行运营，按照签订协议，每年营业收入的 20% 属于平台公司（每年不低于 700 万元）。按照"政府服务、企业主导、合作社补位、农户参与"的思路，采取"政府+民营企业（星力集团）+合作社+N"的商业模式来开发运营原味小镇，即由星力集团进行全域的运营和维护，精准对接市场，负责业态招商、业态布置、业态运营、景区管理等，由萍萍合作社作为"补位"整合本地资源，村民"全民皆兵"式参与原味小镇的运营。2021 年"五一"期间，共接待游客 46000 人次，实现旅游收入 1120 万元，烧烤场的游客络绎不绝、文创工作室游客来来往往，农家乐户户爆满、乡村民宿家家"一床难求"。

（五）创新利益链接，实现共商共建共治共享

在"原味小镇·醉美偏坡"建设过程中，偏坡乡以共建共治共享理念为导向，以"环境共美、产业共融、家园共管、发展共享"为目标，积极创新利益联结机制，按照"四个集中"的建设方式和"政府+民营企业（星力集团）+合作社+N"的商业运营模式，实现"全民参与、全民受益"，全域式推动乡村振兴。

一是在项目建设中，100%农户受益。在项目建设中，283户农户通过有偿退出土地承包经营权，获得收益5800万元，并吸纳了100余人就业，获得务工收入100万余元。同时，累计投入资金11730万元完善水、电、路、气、讯等基础设施，其中，投资3000余万元，按城市供水标准建成偏坡乡给水工程，解决全乡农户用水难题；投资3000万元解决污水处理问题；投资2800余万元，对景区核心区300余户农户房屋进行立面改造。

二是在项目运营过程中，100%贫困群众获得"红利"。星力集团与萍萍合作社开展长期合作，萍萍合作社100%吸纳全乡35户贫困户作为社员，按有关章程分配盈余的40%给贫困户。2018年以来合作社贫困户发放入社收益共32.6万元。同时，按照"三零一有"扶贫模式，初步建立了"公司+合作社+村集体+贫困户"的稳定脱贫机制，贫困户在项目的运营中可直接获得"红利"。例如，采取"星力集团+合作社+农户+贫困户"的运营模式，农户以闲置房屋入股，星力集团投资每户15万元改造为民宿，一期完成民宿改造17户60间，合作社获运营利润的5%，贫困户享受运营利润的5%分红。又如，采取"星力集团+合作社+农户+贫困户"的运营模式，利用富美乡村项目资金，改造猪牛圈32间400余平方米，交合作社运营，贫困户享受收益的40%分红。

三是在项目建成后，100%农户享受乡村旅游"红利"。农户通过售卖农特产品、开办农家乐、乡村民宿、手工作坊的方式成为"乡村旅游经营户"。目前，200户售卖农特产品，80余户开办农家乐和乡村民宿，

20 余户发展文化作坊（室），100 人成为景区管理员、保安、保洁员等。

（六）农商文旅深度融合，乡村振兴"开花结果"

偏坡乡将乡村旅游作为发展主导产业。为丰富乡村旅游业态、提高乡村旅游竞争性，确保乡村旅游可持续发展，偏坡乡因地制宜赋能"乡村旅游+"，推动"农旅""商旅""文旅"深度融合，以农业留乡愁、商业聚人气、文化提品位，促进乡村振兴"开花结果"。

一是彰显田园风光，推动"农旅"融合发展，实现乡村旅游有业态有乡愁。深入发掘农业农村的生态涵养、休闲观光、文化体验等多种功能和多重价值，打造农村产业融合发展新载体新模式，推动农产品体验、采摘、观光、旅游深度融合发展，建成草莓采摘园、樱桃采摘园、黄桃采摘园、猕猴桃采摘园，实现了"冬摘草莓、春采樱桃、夏品桃李、秋尝猕猴桃"，初步形成"四季有花、四季有果"的观光休闲新业态。建成"五亩地"创新花园体验基地，该基地集"烘焙+"、"花园+"、亲子教育计划等景观主题内容于一体，成为具有亲子互动和花园展示中心等多重功能的户外花园互动基地。2021 年"五一"节假日期间，"五亩地"累计接待游客 2 万人次，营业收入达 1.5 万元。

二是做强"商业"底色，推动"商旅"融合发展，实现乡村旅游有业态有人气。组建偏坡、星力、农投三方协商会议机制，畅通联系联络渠道，每月不定期召开项目推进会，为企业排忧解难，不断拓展服务渠道，优化营商环境。将商业业态植入原味小镇中，采取"以商招商"的形式，引入贵州龙等企业 20 余家，在花喵街布置康养、手工艺品、民族服饰、各类特色小吃、酒吧等商业业态，不断丰富"商"的内容。星力集团通过策划举办文创集市、研学体验活动、篝火晚会等活动，吸引了大量的游客和星力集团的会员到偏坡旅游。

三是厚植文化底蕴，推动"文旅"融合发展，实现乡村旅游有业态有品位。偏坡乡大力挖掘传承布依传统文化，在保护传承的基础上，创造性转化、创新性发展，不断赋予其新的时代内涵、丰富表现形式。大力挖掘布依族的民俗文化，发展文创产业，鼓励支持民间艺人传承民俗文化，并兴办农家乐、乡村民宿、文创工作室等，将文化优势转变为产业优势。全面收集整理全乡布依山歌、婚俗、祭布洛陀等民族民间文化，组建姊妹情歌舞队 1 支、百人长号队 1 支、姊妹萧队 1 支。加大非物质文化遗产保护和传承，致力将其变成旅游商品，转化为经济效益和经济资源。目前偏坡乡具有省级非遗项目 1 个、市级非遗项目 2 个、区级非遗项目 1 个。2021 年 4 月 8 日，乌当区首个乡镇非物质文化遗产工作站正式"落户"偏坡乡。

（七）齐心协力抓示范，绘就乡村振兴美好蓝图

百花争艳、环境秀美、村舍整洁、阡陌纵横……如今，偏坡乡"时时有美景、处处皆画卷"，山、水、林、田、路、村、房日臻融合，生产生活生态功能协调发展，宛若田园山水画般恬静美好。偏坡乡于 2019 年成为全省乡村振兴示范乡，并先后获得"国家级生态乡""国家级卫生乡""全国文明村镇""全国乡村旅游重点村""中国美丽休闲乡村""全省乡村振兴示范乡"等荣誉称号，2020 年成功申报省级旅游度假区。

偏坡乡通过"四创四融"新模式，激活乡村振兴"一池春水"。这"一池春水"动人心弦，映出乡村振兴美好蓝图。如今的偏坡，在乡村振兴道路上大步向前，成为贵州省乡村振兴示范乡的"新标杆"，乡村振兴呈现向上向好的局面：乡村面貌日新月异、乡村旅游业态丰富多彩，农家小院优美雅致，古朴十足的布依民居错落有致，成为贵阳乃至省外城市市民乡村旅游的首选地。这"一池春水"活力无限，漾起乡村振兴澎湃动能。如今的偏坡，村民发展旅游的意愿越来越高涨、乡村旅游发展品质越来越高效、外来投资企业和个人接踵而至，全民积极参与乡村旅游，共同享受乡村振兴发展成果，2021 年作为贵阳市第十二届旅游发展大会主会场，为偏坡发展注入了澎湃的动力。这"一池春水"动力十足，浇出乡村振兴美好生活。如今的偏坡，已划归于贵阳市东部产业新城，贵阳市夜

间经济将在偏坡起航发展，全乡呈现快速持续的发展态势，让广大群众过上更加美好的生活，获得感、幸福感、安全感不断增强。

图 9-6　偏坡乡农民文艺演绎培训

参考文献

［1］北京大学数字金融研究中心课题组．北京大学数字普惠金融指数（2011—2018 年）［R］．2019.

［2］北京大学新农村发展研究院联合阿里研究院．县域数字乡村指数（2018）［R］．2020.

［3］工业和信息化部．工业和信息化部召开数字基础设施建设工作推进专家研讨会［EB/OL］．http：//www. miit. gov. cn/n1146290/n1146402/c7868280/content. html，2020.

［4］农业农村部市场与信息化司，农业农村信息中心．2020 全国县域数字农业农村发展水平评价报告［R］．2020.

［5］农业农村信息化专家咨询委员会．中国数字乡村发展报告 2019［EB/OL］．http：//www. moa. gov. cn/xw/bmdt/201911/P020191119505821675490. pdf，2019.

［6］张潆文，苏腾，张晶，刘烜赫．新时期我国农业信息化工作战略目标、关键任务与政策路径［J］．农业经济，2021（06）：9-11.

［7］中共中央　国务院．数字乡村发展战略纲要［EB/OL］. http：//www. gov. cn/zhengce/2019-05/16/content_ 5392269. htm，2019.

［8］何传启．现代化科学：国家发达的科学原理［M］．北京：科学出版社，2010.

［9］陈锡文．实施乡村振兴战略，推进农业农村现代化［J］．中国农业大学学报（社会科学版），2018，35（01）：5-12.

［10］郭翔宇，胡月．乡村振兴水平评价指标体系构建［J］．农业经

济与管理, 2020 (05): 5-15.

[11] 韩磊, 刘长全. 乡村振兴背景下中国农村发展进程测评及地区比较 [J]. 农村经济, 2018 (12): 44-48.

[12] 黄瑞玲, 余飞, 梅琼. 苏、浙、粤全面小康社会实现程度的比较与评价——基于江苏高水平全面建成小康社会指标体系的测算 [J]. 江苏社会科学, 2018 (05): 255-264+276.

[13] 黄祖辉, 李懿芸, 马彦丽. 论市场在乡村振兴中的地位与作用 [J]. 农业经济问题, 2021 (10): 4-10.

[14] 姜长云, 李俊茹. 2035年中国特色的农业农村现代化指标体系研究 [J]. 全球化, 2021 (04): 92-108+136.

[15] 姜长云. 实施乡村振兴战略需努力规避几种倾向 [J]. 农业经济问题, 2018 (01): 8-13.

[16] 金文成, 张灿强, 王莉. 深刻认识农业农村现代化的科学内涵 [J]. 中国农村科技, 2021 (01): 3-5.

[17] 刘晓越. 农业现代化评价指标体系 [J]. 中国统计, 2004 (02): 11-14.

[18] 毛锦凰. 乡村振兴评价指标体系构建方法的改进及其实证研究 [J]. 兰州大学学报(社会科学版), 2021, 49 (03): 47-58.

[19] 申云, 陈慧, 陈晓娟, 胡婷婷. 乡村产业振兴评价指标体系构建与实证分析 [J]. 世界农业, 2020 (02): 59-69.

[20] 杨少垒. 我国农业现代化评价指标体系构建研究 [J]. 经济研究导刊, 2014 (17): 18-20+35.

[21] 国务院发展研究中心农村经济研究部课题组, 叶兴庆, 程郁. 新发展阶段农业农村现代化的内涵特征和评价体系 [J]. 改革, 2021 (09): 1-15.

[22] 叶兴庆. 新时代中国乡村振兴战略论纲 [J]. 改革, 2018 (01): 65-73.

[23] 张挺, 李闽榕, 徐艳梅. 乡村振兴评价指标体系构建与实证研究 [J]. 管理世界, 2018, 34 (08): 99-105.

［24］张雪，周密，黄利，赵晓琳．乡村振兴战略实施现状的评价及路径优化——基于辽宁省调研数据［J］．农业经济问题，2020（02）：97-106.

［25］何传启．世界农业现代化的发展趋势和基本经验［J］．学习论坛，2013，29（05）：33-37.